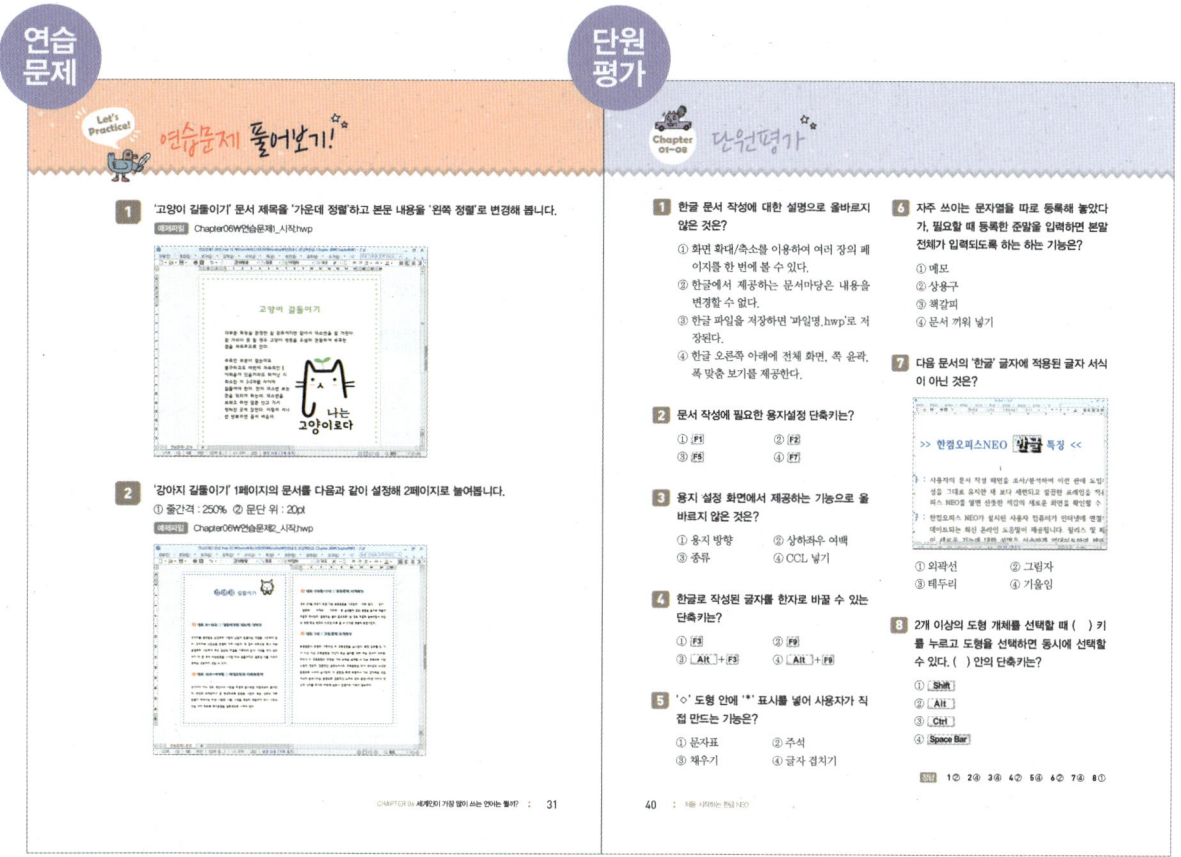

- 연습문제 : 학습을 마친 후 스스로 복습할 수 있도록 돕습니다.

- 단원평가 : 총 8개의 Chapter 학습을 마칠 때마다 배운 내용을 정리하는 단원평가를 구성해 다시 한 번 복습할 수 있도록 돕습니다.

자료 다운로드 방법

이 책에서 사용되는 예제파일, 완성파일, 연습문제 슬라이드 자료, 강의안은 영진닷컴 홈페이지에서 다운로드 받으실 수 있습니다.

1 영진닷컴 홈페이지(www.youngjin.com)에 접속한 뒤 [고객센터]−[부록CD다운로드] 게시판의 검색 창에 '한글 NEO'를 입력한 후 **Enter** 를 누릅니다.

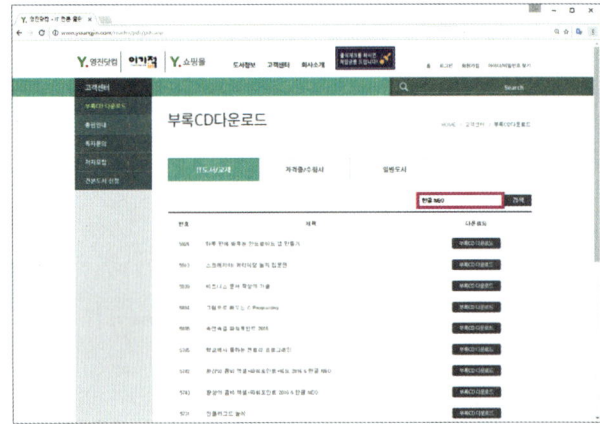

2 목록에서 '처음 시작하는 한글 NEO'를 찾아 **부록CD다운로드** 를 클릭합니다.

3 팝업 창이 나타나면 [cd1.zip]을 클릭하여 다운로드한 뒤, 압축을 해제합니다.

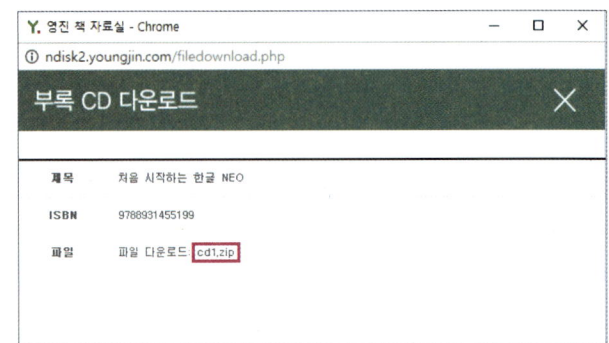

4 Chapter별 예제파일과 완성파일, 연습문제 풀이 슬라이드 자료가 있으며, 강의안은 출력해서 사용하면 됩니다.

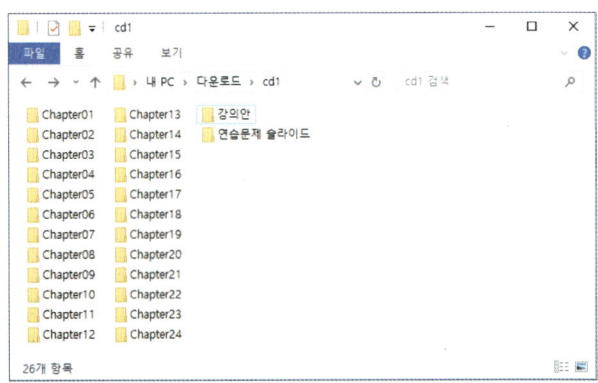

처음
시작하는
한글
NEO

1판 1쇄 발행 2016년 12월 30일

발행인 김길수 I **발행처** (주)영진닷컴 I **등록** 2007. 4. 27 제 16-4189호 I **대표전화** 1588-0789

ISBN 978-89-314-5519-9
가격 10,000원

저자 유혜경 I **총괄** 김태경 I **기획** 기획1팀 I **진행** 서정임
표지 · 내지 디자인 지화경 I **편집** 지화경, 고은애 I **인쇄** 성신프린팅
주소 서울시 금천구 가산디지털2로 123 월드메르디앙벤처센터 2차 10층 1016호 (우)08505

YoungJin.com Y.
영진닷컴

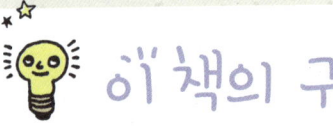

이 책의 구성

시작

본문

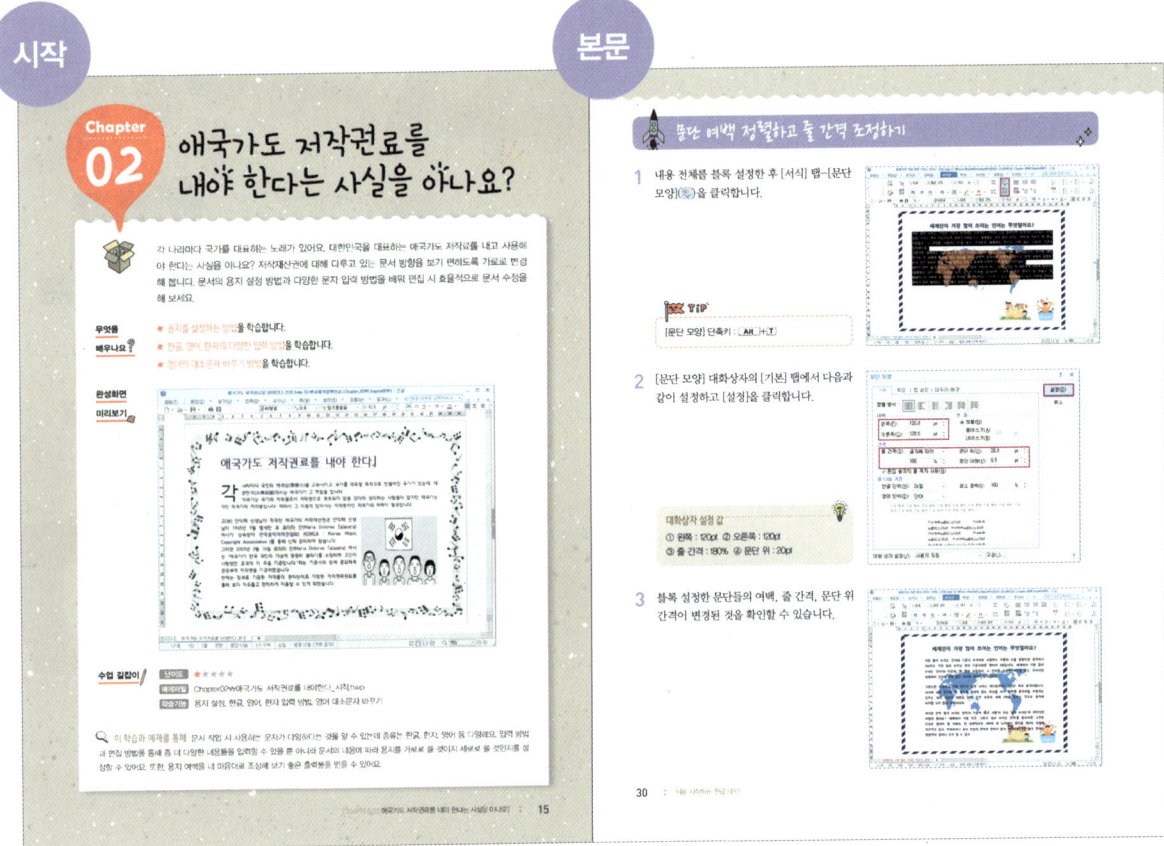

- 무엇을 배우나요? : 학습할 내용을 먼저 이해하고 학습을 시작합니다.
- 완성화면 미리보기 : 완성화면을 미리 확인 후 학습을 시작합니다.
- 수업 길잡이 : 학습 난이도와 학습 주요 기능을 미리 알아봅니다.
- 이 학습과 예제를 통해 : 학습&예제를 통해 알 수 있는 내용을 친절히 알려줍니다.

- 따라하기 : 친절한 설명과 지시선으로 학습을 돕습니다.
- Tip : 단축키와 같은 tip을 구성해 학습을 돕습니다.
- 설정 값 : 대화상자의 설정 값을 정리해 학습을 돕습니다.

이 책의 목차

Chapter 01

한자와 일본어에 대해 알아볼까?

문서 작성을 할 수 있는 한글 NEO를 시작해 볼까요? 한글 NEO를 실행하고 화면의 크기를 바꿔보면서 문서의 내용을 보기 좋게 변경해 봅니다. 한글에서 제공하는 '문서마당'을 이용하면 내가 직접 문서를 만들지 않더라도 클릭만으로 멋진 문서를 작성할 수 있으니 쉽게 문서를 표현해 보세요.

무엇을 배우나요?

★ 한글 NEO 실행 방법 및 종료 방법을 학습합니다.

★ 문서마당을 활용하여 문서를 다양하게 만들 수 있는 방법을 학습합니다.

★ 화면 확대/축소 방법을 학습합니다.

완성화면 미리보기

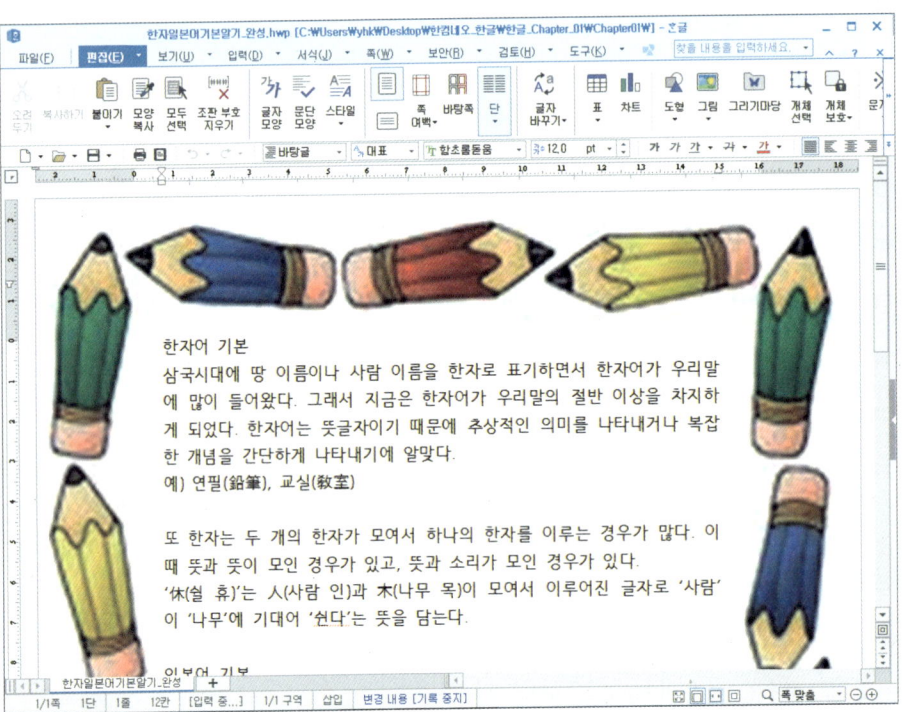

수업 길잡이

난이도	★☆☆☆☆
예제파일	Chapter01₩한자일본어기본알기_시작.hwp
학습기능	한글 NEO 실행, 문서마당, 화면 확대/축소

🔍 **이 학습과 예제를 통해** 한글 문서를 한글 NEO로 열 수 있어요. 문서마당에서 등록된 서식 문서를 불러와 사용할 수 있고 불러온 문서는 화면을 크게하거나 작게 해서 작업하기 좋은 화면의 크기로 설정할 수도 있어요. 한글 NEO 실행 방법과 미리 만들어진 문서마당을 이용해 재밌는 문서를 골라 쉽고 빠르게 만들 수 있어요.

한글 실행하기

1 바탕화면 왼쪽 아래에 있는 [시작] 버튼–[모든 프로그램]–[한글과컴퓨터]–[한컴오피스 NEO]–[한글]을 선택하여 한글을 실행합니다.

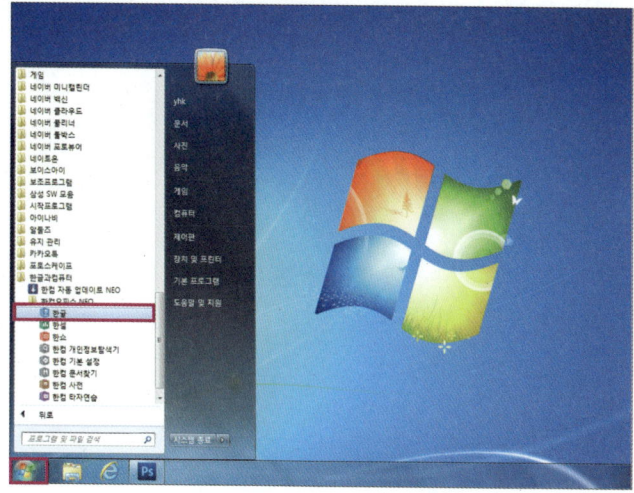

2 한글을 종료하기 위해 [파일] 탭–[끝]을 선택하거나, 창 오른쪽 위의 [닫기](X)를 클릭합니다.

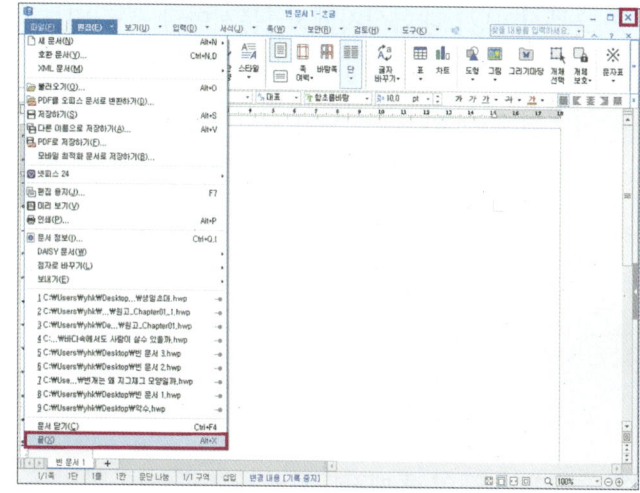

TiP

[닫기] 단축키 : Alt + F4 , Alt + X

3 한글을 실행하고 내용이 입력되지 않으면 한글이 종료되고 내용이 입력되어 있는 경우에는 한글을 종료할 때 변경된 내용을 저장할 것인지를 묻는 대화상자가 표시됩니다.

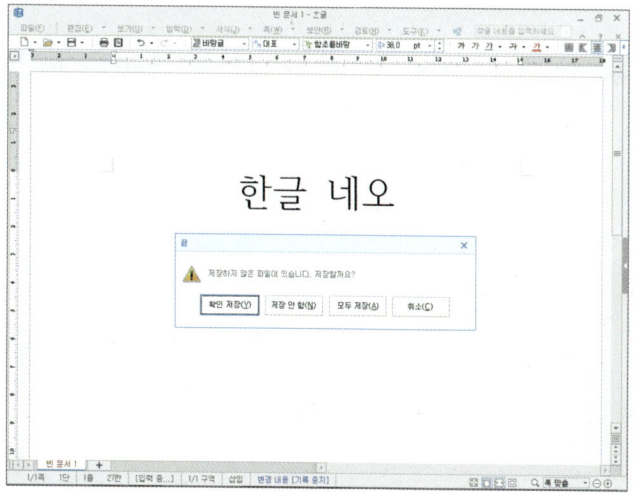

1 [파일] 탭-[새 문서]의 [▶]-[문서마당]을 선택합니다.

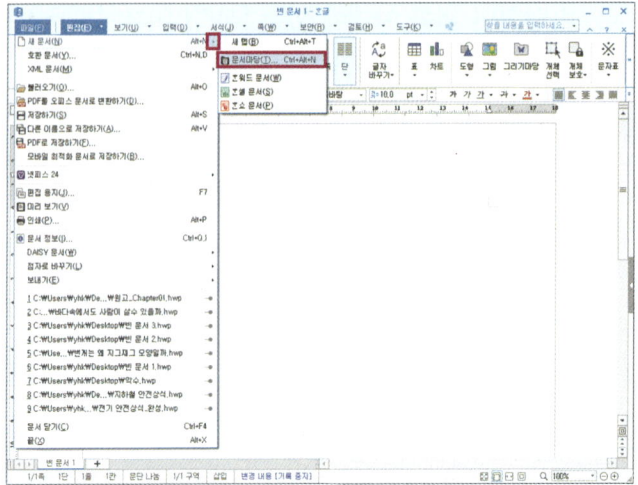

2 [문서마당] 대화상자에서 [문서마당 꾸러미] 탭-[초대장 문서]를 선택하고 문서 목록에서 [생일 초대장1]을 선택한 후 [열기]를 클릭합니다.

3 선택한 '생일 초대장1' 문서마당 꾸러미 파일이 불러진 것을 확인할 수 있습니다.

4 초대할 사람, 초대 일자, 시간, 장소 등을 입력하여 문서를 쉽고 빠르게 만들 수 있습니다. [파일] 탭-[다른 이름으로 저장하기]를 클릭하여 '생일 초대장.hwp'로 저장합니다.

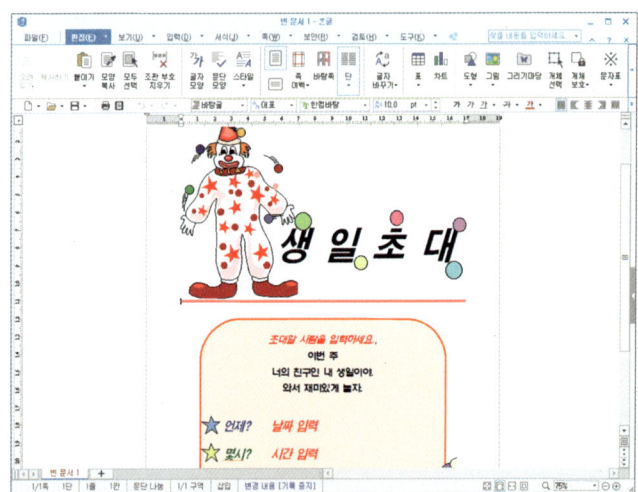

화면 확대/축소하기

1 예제 파일을 열고 [보기] 탭-[확대/축소](🔍)를 클릭합니다. [화면 확대/축소] 대화상자에서 [비율]-[150%] 선택 후 [설정]을 클릭합니다.

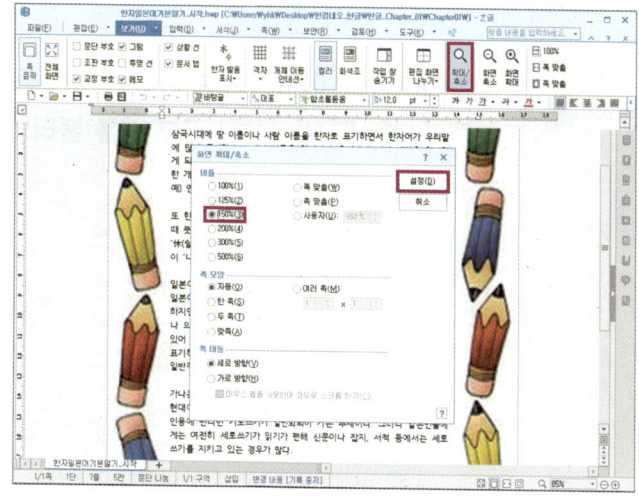

2 화면 비율이 '150%'로 확대된 것을 확인할 수 있습니다.

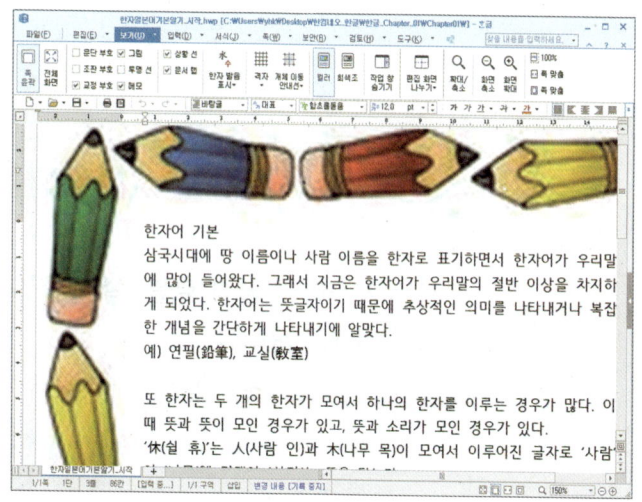

🚩 TiP

[Ctrl]을 누르고 마우스 가운데 휠을 위/아래로 돌리거나, [Shift]를 누르고 숫자 키패드의 [+], [-]를 누르거나, 화면 오른쪽 아래의 확대/축소(🔍) 아이콘을 클릭하여 화면의 크기를 조정할 수 있습니다.

3 오른쪽 아래의 보기 옵션을 클릭하여 다양하게 보이는 화면을 조절할 수 있습니다.

① **전체 화면** : 제목, 메뉴, 기본 도구 상자, 서식 도구 상자 등이 사라지고 편집 중인 페이지가 화면 전체에 표시됩니다.

② **쪽 윤곽** : 인쇄해야만 나타나는 용지 여백이나 머리말/꼬리말, 쪽 테두리 등, 그 쪽(페이지)에 인쇄될 모든 내용과 모양을 화면으로 직접 보면서 편집을 할 수 있어 편리합니다.

③ **폭 맞춤** : 현재 용지의 너비가 문서 창의 너비에 맞도록 축소하거나 확대합니다.

④ **쪽 맞춤** : 현재 용지 한쪽 분량을 한 화면에 모두 볼 수 있는 비율로 축소하거나 확대합니다.

1 문서마당을 이용하여 재미있는 색칠공부를 하려고 합니다. 문서마당의 [문서마당 꾸러미] 탭-[생활 문서]-[색칠 공부 4]를 불러와서 '색칠 공부.hwp'로 저장해 봅니다.

2 한자 사자성어 한글 자료를 '쪽 맞춤'으로 화면 축소하여 한번에 4장을 볼 수 있도록 화면 표시를 변경해 봅니다.

`예제파일` Chapter01₩연습문제2_시작.hwp

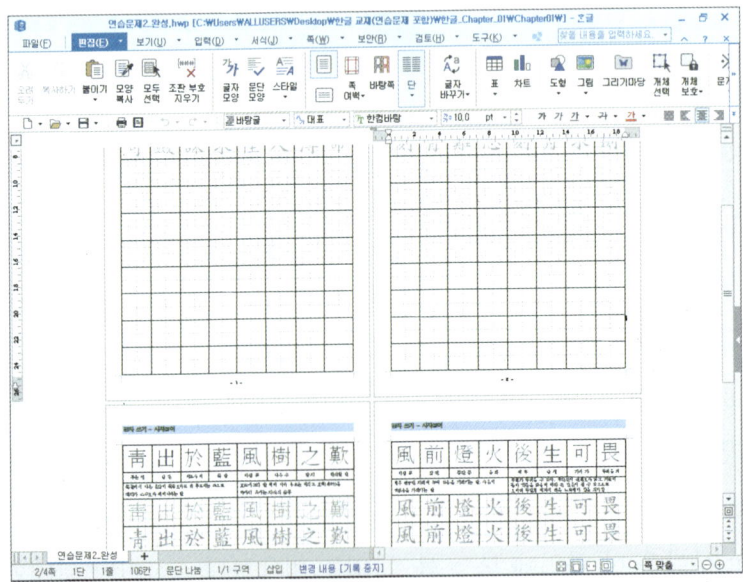

Chapter 02
애국가도 저작권료를 내야 한다는 사실을 아나요?

각 나라마다 국가를 대표하는 노래가 있어요. 대한민국을 대표하는 애국가도 저작료를 내고 사용해야 한다는 사실을 아나요? 저작권에 대해 다루고 있는 문서 방향을 보기 편하도록 가로로 변경해 봅니다. 문서의 용지 설정 방법과 다양한 문자 입력 방법을 배워 편집 시 효율적으로 문서 수정을 해보세요.

무엇을 배우나요?

★ 용지를 설정하는 방법을 학습합니다.

★ 한글, 영어, 한자의 다양한 입력 방법을 학습합니다.

★ 영어의 대/소문자 바꾸기 방법을 학습합니다.

완성화면 미리보기

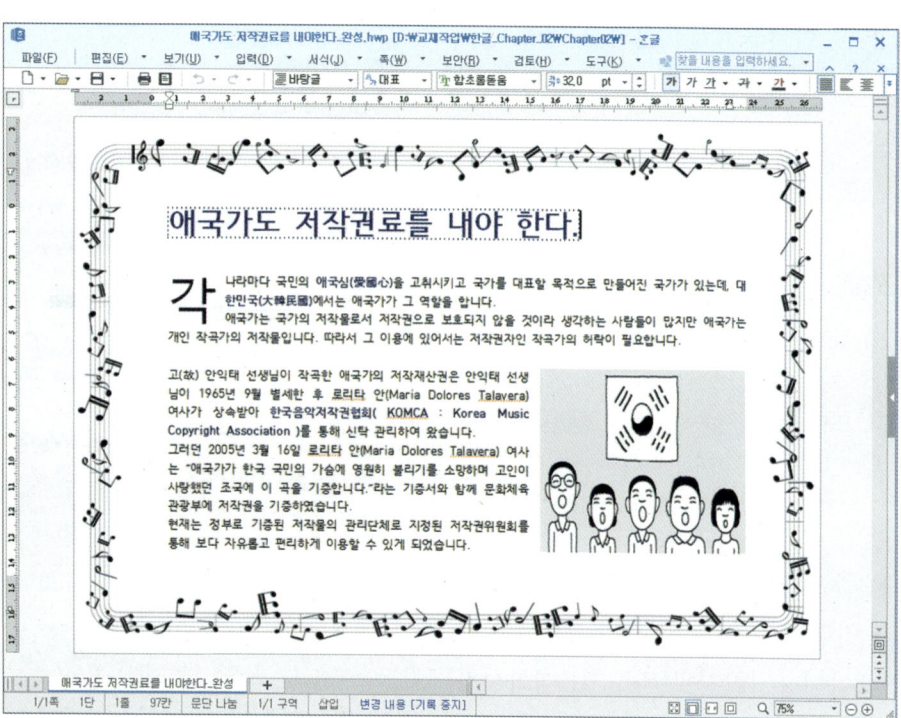

수업 길잡이

난이도 ★☆☆☆☆

예제파일 Chapter02\애국가도 저작권료를 내야한다_시작.hwp

학습기능 용지 설정, 한글 · 영어 · 한자 입력 방법, 영어 대/소문자 바꾸기

🔍 **이 학습과 예제를 통해** 문서 작업 시 사용하는 문자가 다양하다는 것을 알 수 있는데 종류는 한글, 한자, 영어 등 다양해요. 입력 방법과 편집 방법을 통해 좀 더 다양한 내용들을 입력할 수 있을 뿐 아니라 문서의 내용에 따라 용지를 가로로 쓸 것이지 세로로 쓸 것인지를 설정할 수 있어요. 또한, 용지 여백을 내 마음대로 조정해 보기 좋은 출력물을 얻을 수 있어요.

1 예제파일을 열고 [쪽] 탭-[편집 용지](🗐)를 클릭합니다.

2 [편집 용지] 대화상자에서 용지 종류, 용지 방향, 용지 여백 등을 설정할 수 있습니다. [용지 방향]-[가로]로 선택하고 [설정]을 클릭합니다.

🚩 **TiP**

[편집 용지] 단축키 : F7

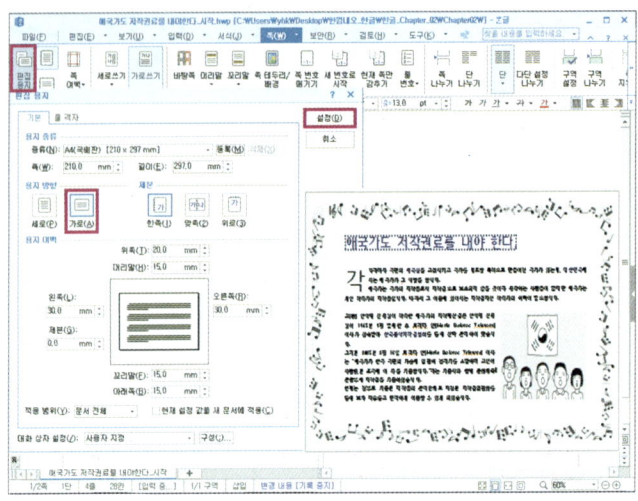

3 본문 내용 중 '한국음악저작권협회' 뒤에 다음과 같이 '(KOMCA : korea music copyright association)'를 입력합니다.

🚩 **TiP**

한글·영어 입력 상태 바꾸기 : Shift + Space Bar 를 누르면 한글 입력 상태와 영어 입력 상태가 전환됩니다. 또한 영문을 입력할 경우 Caps Lock 을 누르면 대/소문자 입력 상태로 전환됩니다.

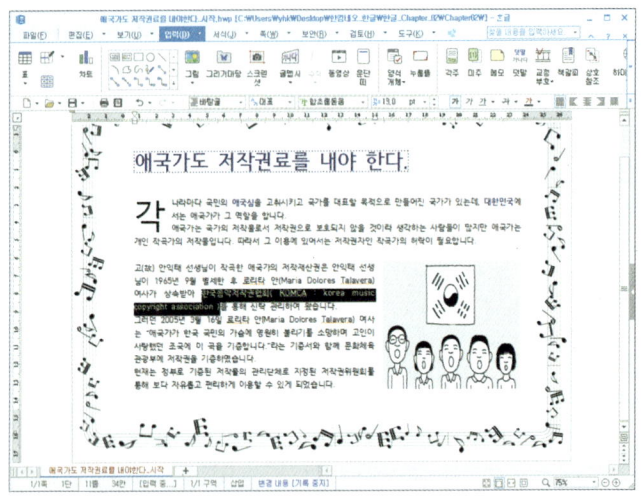

4 본문 내용 중 '애국심'을 블록 설정한 후 [입력] 탭-[한자 입력](漢+)을 클릭하여 [한자로 바꾸기]를 선택합니다. [한자로 바꾸기] 대화상자에서 맞는 한자를 선택하고 [입력 형식]-[한글(漢子)]로 선택한 후 [바꾸기]를 클릭합니다. 선택한 형식으로 바꾼 것을 확인할 수 있으며 '대한민국'도 같은 방법으로 변경합니다.

🚩 **TiP**

[한자로 바꾸기] 단축키 : F9

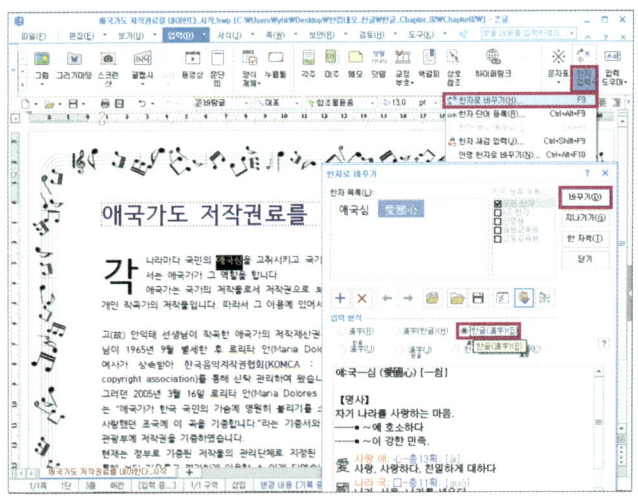

영어 대/소문자 바꾸기

1 앞서 입력한 'korea music copyright asso-ciation'을 블록 설정한 후 [편집] 탭-[글자 바꾸기]([🔧])를 클릭해 [대문자/소문자 바꾸기]를 선택합니다.

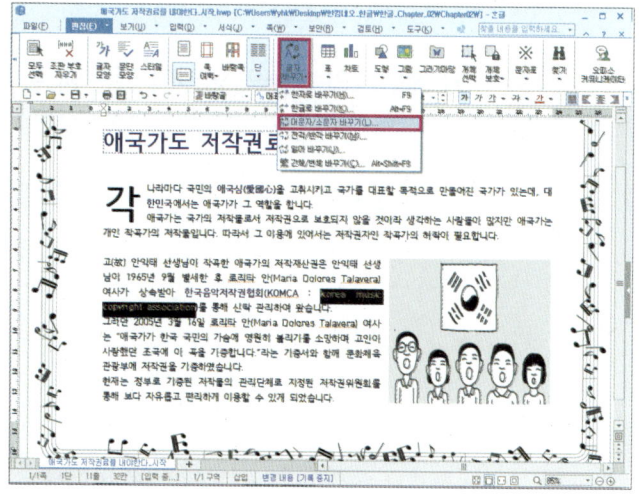

2 [대문자/소문자 바꾸기] 대화상자의 [바꿀 방법]-[단어 첫 글자만 대문자로]를 선택하고 [바꾸기]를 클릭합니다.

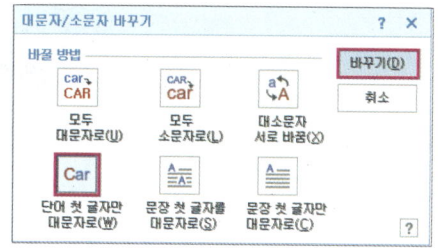

3 'Korea Music Copyright Association' 단어 첫 글자만 대문자로 변경된 것을 확인할 수 있습니다.

연습문제 풀어보기!

1 빌 게이츠의 오늘의 명언이 있는 세로 문서를 가로 문서로 바꾸어 저장해 봅니다.

`예제파일` Chapter02₩연습문제1_시작.hwp

2 속담풀이의 제목을 다음과 같이 영어와 한자로 수정하고 속담의 내용도 한자로 변경해 봅니다.

① 한국 → Korea   ② 속담 → 속담(俗談)   ③ 비유 → 비유(比喩)

`예제파일` Chapter02₩연습문제2_시작.hwp

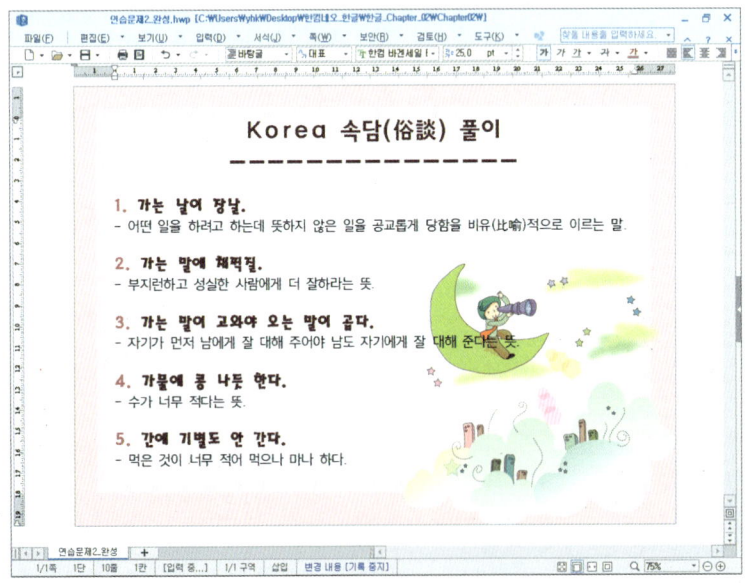

Chapter 03

지폐에는 왜 사람이 그려져 있을까?

문서 작업 시 새로운 문자를 만드는 방법에 대해 알아봅니다. 자주 사용하는 문자열이나 많이 입력해야 하는 특수 문자를 등록한 후 줄임말을 이용해 손쉽게 입력하는 기능에 대해 배워 보세요.

무엇을 배우나요?

★ 글자 겹치기 기능으로 새로운 문자를 삽입하는 방법을 학습합니다.

★ 로마자 및 외래어 표기할 수 있는 방법을 학습합니다.

★ 상용구 설정 방법을 학습합니다.

완성화면 미리보기

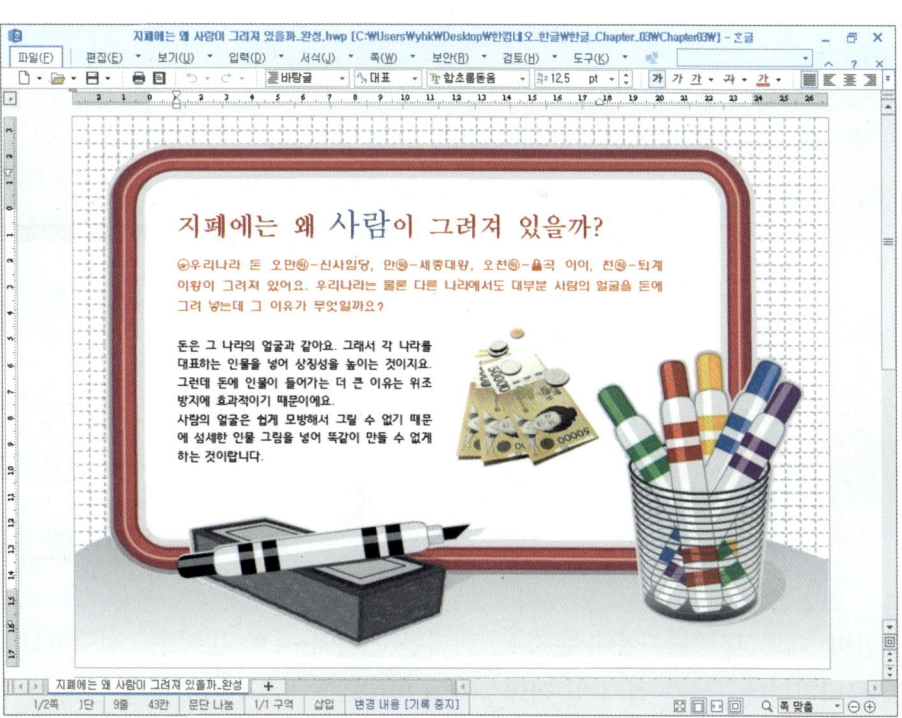

수업 길잡이

난이도 ★★☆☆☆

예제파일 Chapter03₩지폐에는 왜 사람이 그려져 있을까_시작.hwp

학습기능 글자 겹치기, 로마자 및 외래어 표기, 상용구 설정

🔍 **이 학습과 예제를 통해** 문서 작업 시 원형, 사각형, 삼각형 안에 문자를 입력하는 글자 겹치기로 다양한 문자나 기호를 삽입하는 방법을 알 수 있어요. 뿐만 아니라, 보고서나 리포트를 작성할 때 올바른 외래어 표기를 할 수 있으며 우리말을 로마자로 표기할 수도 있어요. 영문 주소를 입력하거나 사람 이름, 회사 이름 등을 영문으로 표기하는 경우에 편리하게 사용할 수 있어요. 또한, 자주 쓰이는 문자열을 등록해 놓고 필요할 때마다 상용구 기능으로 문서 작업을 더욱 효율적으로 할 수 있어요.

글자 겹치기

1 예제파일을 열고 문서 맨 앞에 커서를 놓고 [입력] 탭-[글자 겹치기]를 선택합니다.

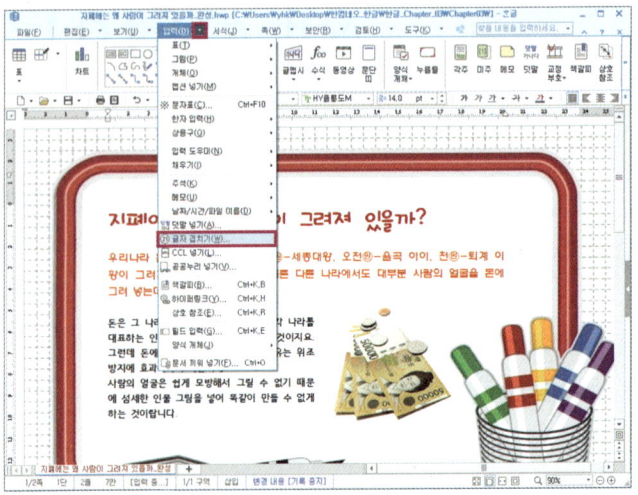

2 [글자 겹치기] 대화상자가 나타나면 [겹쳐 쓸 글자] 입력란에서 마우스 오른쪽 버튼을 눌러 [문자표]를 선택합니다.

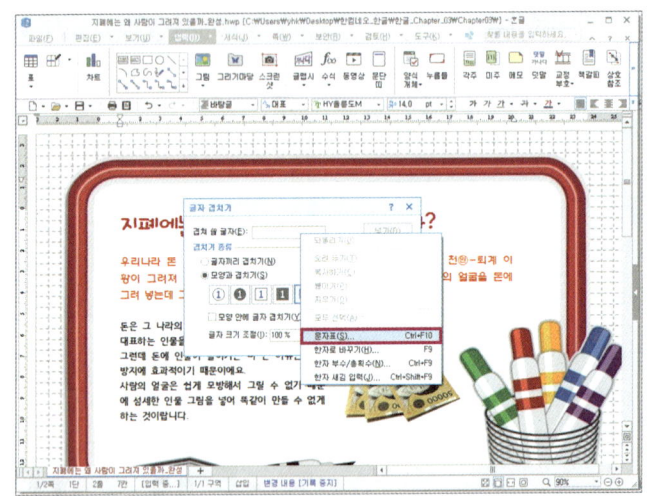

3 [문자표 입력] 대화상자의 [사용자 문자표] 탭-[문자 영역]-[☎ 기호2]를 선택하고 [☞]를 클릭한 다음 [넣기]를 클릭합니다. [글자 겹치기] 대화상자에 [미리보기]로 겹쳐진 글자 모양을 확인한 후 [넣기]를 클릭합니다.

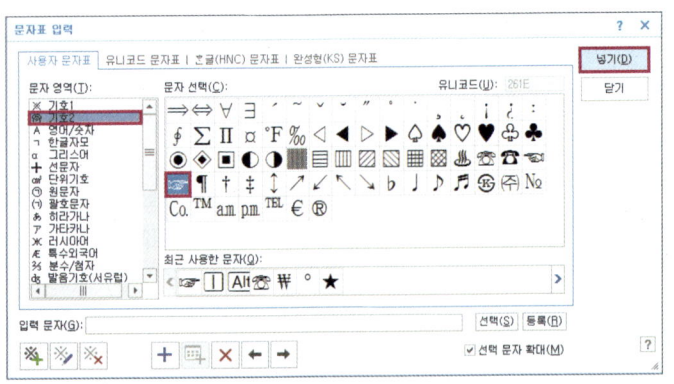
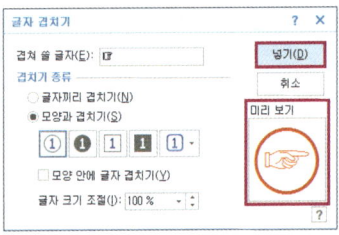

로마자 및 외래어 표기하기

1 2페이지에서 로마자로 변경할 내용 환전은행 주소를 블록 설정한 후 [입력] 탭-[입력 도우미]-[로마자로 바꾸기]를 선택합니다.

2 [로마자로 바꾸기] 대화상자에서 [변환 설정]을 [주소]로 선택한 후 [변환]을 클릭합니다.

3 한글 주소가 로마자로 변경된 것을 확인할 수 있습니다. 나머지 주소도 같은 방법으로 로마자로 변경합니다.

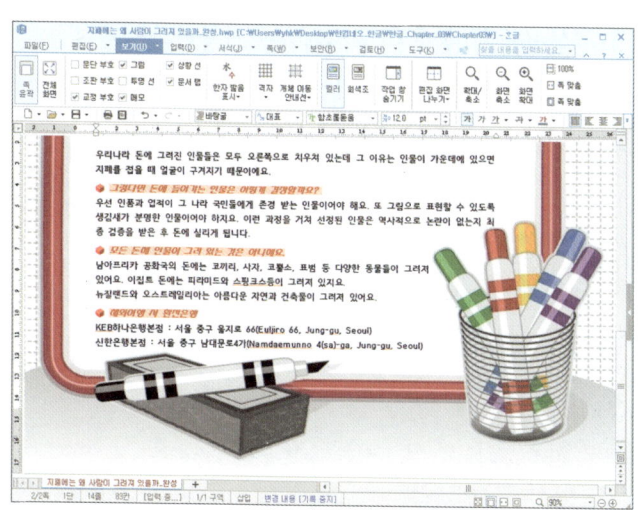

4 외래어로 표기하고자 하는 '피라미드' 단어를 블록 설정한 후 [입력] 탭-[입력 도우미]-[외래어 표기]를 선택합니다.

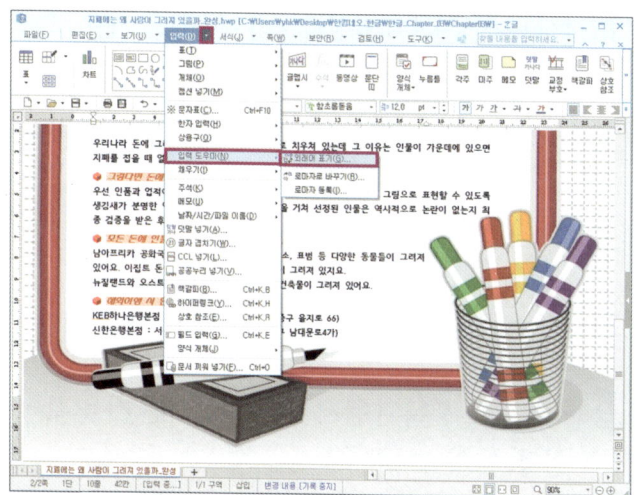

5 [외래어 표기] 대화상자에서 [삽입 모양]-[한글 표기(원어)(A)]를 선택한 후 [넣기] 클릭합니다.

6 피라미드(pyramid)로 외래어가 표기된 것을 확인할 수 있습니다.

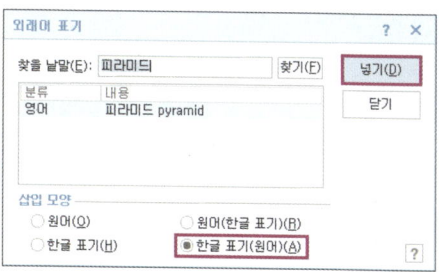

1 상용구로 등록하고자 하는 제목을 블록 설정한 후 [입력] 탭-[상용구]-[상용구 등록]을 선택합니다.

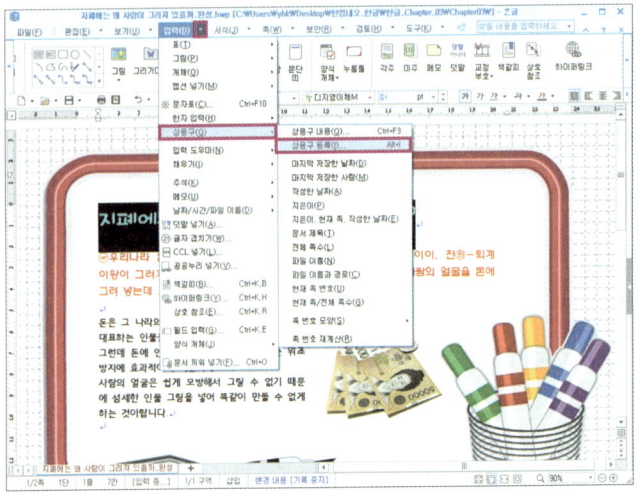

2 [상용구 등록] 대화상자에서 [준말]을 '제목'으로 입력한 후 [등록]을 클릭합니다.

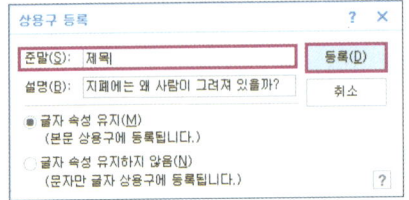

3 2페이지 맨 위에서 준말 '제목'을 입력한 후 Alt + I 를 누릅니다.

4 상용구로 등록된 문서 제목이 삽입된 것을 확인할 수 있습니다.

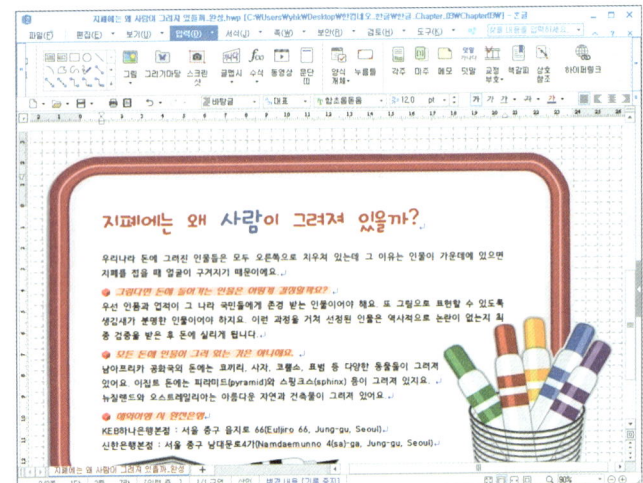

1 글자 겹치기 기능을 이용하여 재활용 마크를 작성해 봅니다.

예제파일 Chapter03₩연습문제1_시작.hwp

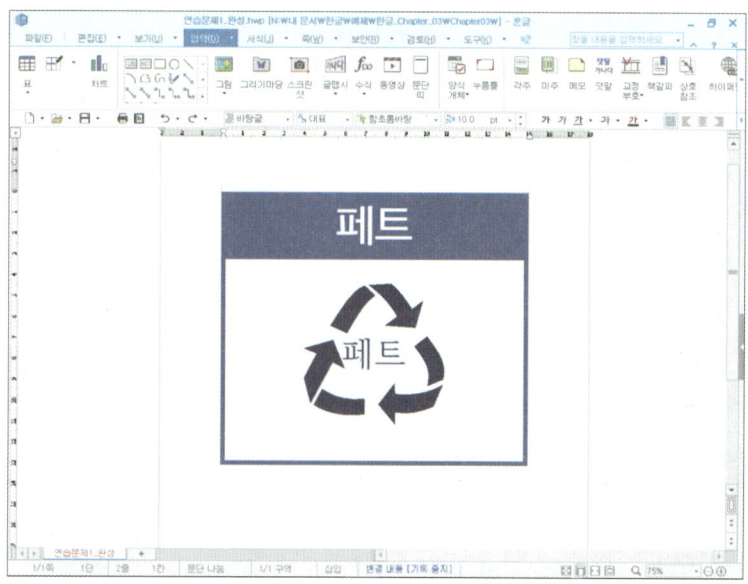

2 '2015년 국내 흥행 animation 순위'와 '인사이드 아웃'을 다음과 같이 변경해 봅니다.

① animation → 애니메이션 ② 인사이드 → inside

예제파일 Chapter03₩연습문제2_시작.hwp

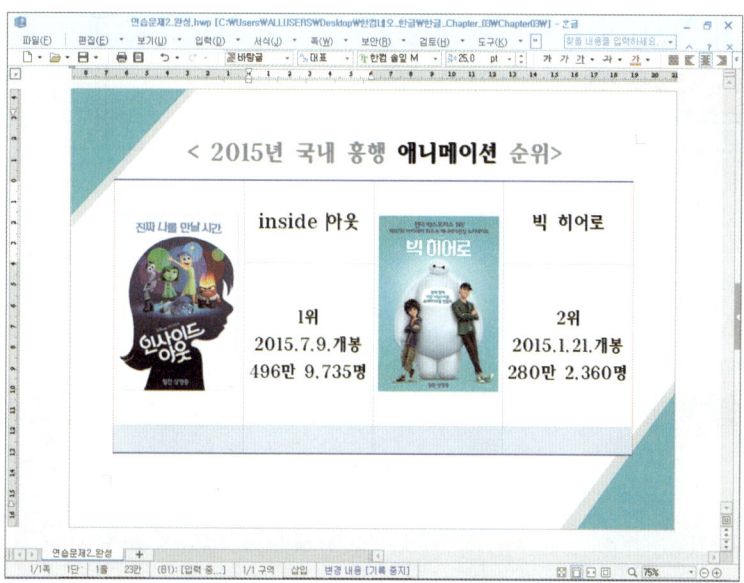

Chapter 04

신호등에는 왜 3색이 쓰일까?

신호등 색은 왜 빨강, 노랑, 녹색일까? 신호등은 눈에 잘 띄어야 해서 그렇다고 해요. 이 외에 궁금증을 풀어낸 문서에서 제목이 돋보이도록 글자 모양, 크기를 조절해 봅니다. 본문도 아래의 자동차, 신호등 그림과 어울리도록 조절해 보세요.

무엇을 배우나요?

★ 글자 기본 서식 지정 방법을 학습합니다.

★ 글자와 글자 사이의 간격을 조정할 수 있는 자간 설정 방법을 학습합니다.

★ 색상 테마 변경으로 다양한 색상을 편리하게 사용하는 방법을 학습합니다.

완성화면 미리보기

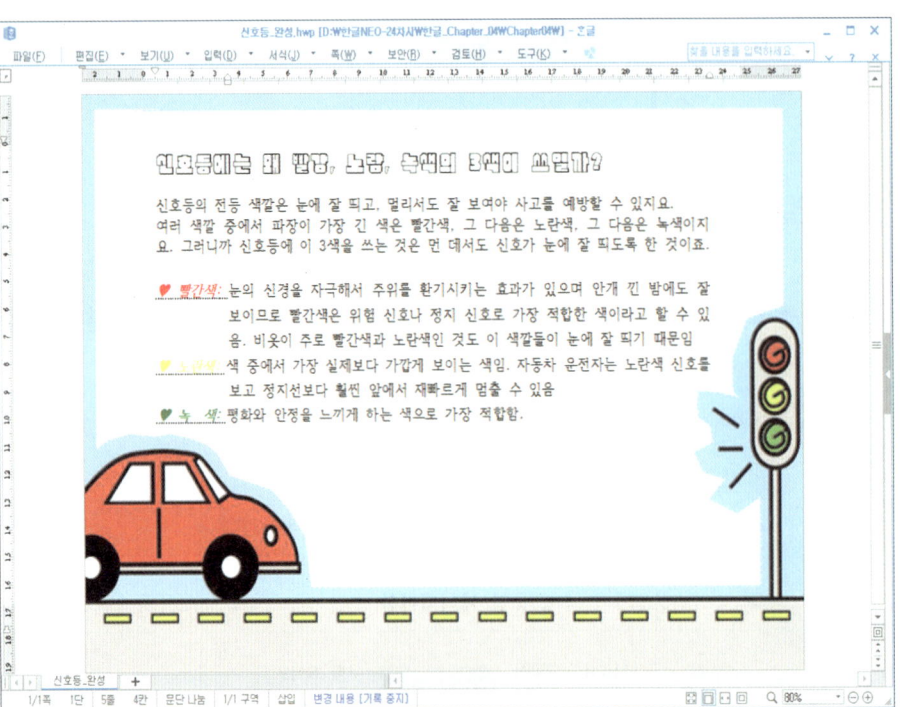

수업 길잡이

난이도 ★★☆☆☆

예제파일 Chapter04₩신호등_시작.hwp

학습기능 글자 기본 서식 설정, 자간 설정, 색상 테마 변경

🔍 이 학습과 예제를 통해 문서에서 강조하고자 하는 문자의 크기를 키우거나 모양을 변경할 수 있어요. 글꼴 종류, 글자 속성, 음영, 자간 속성, 색상 테마 등을 적절하게 조합하여 글자 모양과 색상을 다채롭게 활용할 수 있어요.

1 예제파일을 열고 '신호등에는 왜 빨강, 노랑, 녹색의 3색이 쓰일까?' 제목을 블록 설정한 후 [서식 도구 상자]에서 다음과 같이 설정합니다.

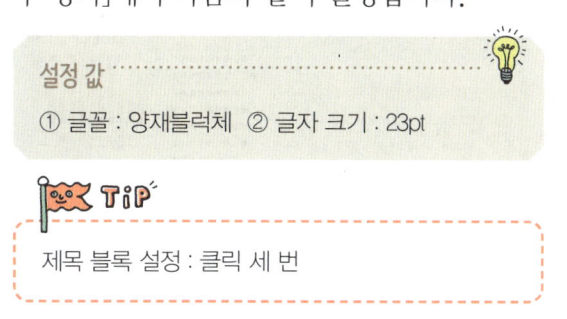

설정 값 ....

① 글꼴 : 양재블럭체 ② 글자 크기 : 23pt

TIP

제목 블록 설정 : 클릭 세 번

TIP

글자 크기 설정 방법

① [글자 크기 점점 크게] 단축키 : Alt + Shift + E, Ctrl +]
② [글자 크기 점점 작게] 단축키 : Alt + Shift + R, Ctrl + [

2 Alt 를 누르고 '♥~녹색'까지 드래그하여 블록 설정한 후 [서식 도구 상자]에서 [진하게](가), [기울임](가)을 클릭합니다.

3 블록 설정 상태에서 [서식 도구 상자]에서 [기울임](가)을 클릭하고 [밑줄](가 ·) 펼침 단추(▼)를 클릭하여 [원형 점선]을 선택합니다.

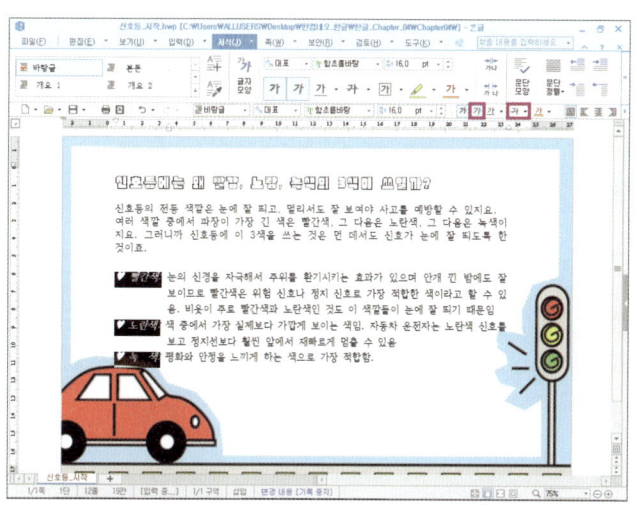

4 '신호등의~한 것이죠'를 블록 설정한 후 [서식] 탭-[글자 자간 좁게]를 네 번 클릭합니다.

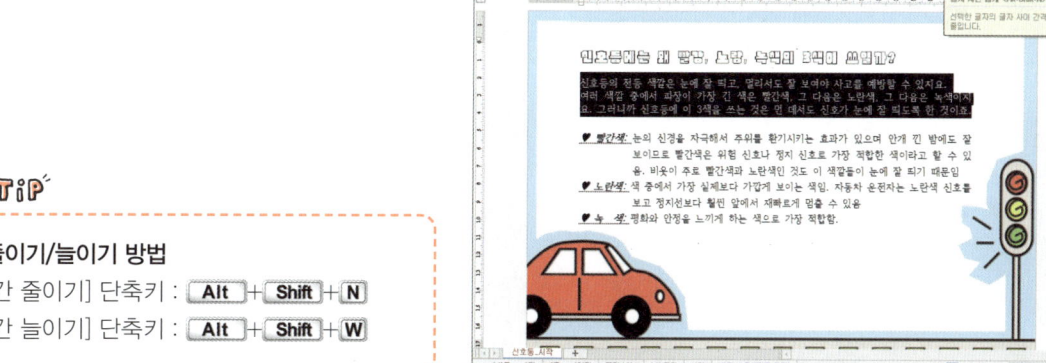

TIP

자간 줄이기/늘이기 방법

① [자간 줄이기] 단축키 : Alt + Shift + N
② [자간 늘이기] 단축키 : Alt + Shift + W

1 '♥ 빨간색:'을 블록 설정한 후 [서식 도구 상자]에서 [글자 색](가▾) 펼침 단추(▾)를 클릭하여 [색상 테마](▶)-[오피스]-[빨강]을 선택합니다.

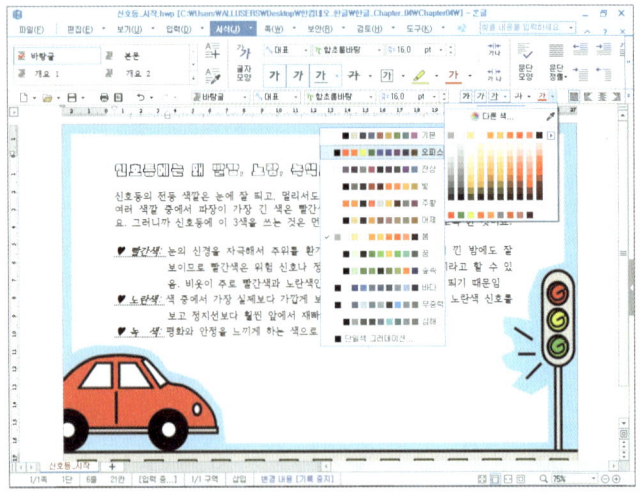

2 같은 방법으로 '♥ 노란색:'을 블록 지정한 후 [오피스]-[노랑]을 선택하고 '♥ 녹색:'을 블록 지정한 후 [오피스]-[초록]을 선택합니다.

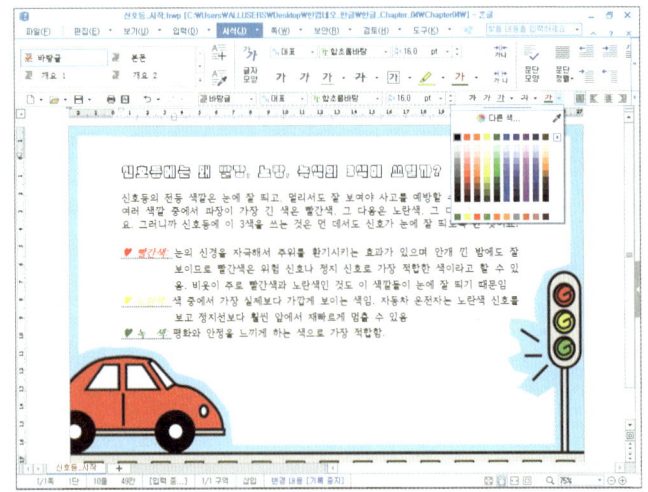

3 블록 지정했던 글자들의 색이 변경된 것을 확인할 수 있습니다.

연습문제 풀어보기!
Let's Practice!

1 한자어 학습지의 '螢(개똥벌레 형; 虫-총16획)~功(공 공; 力-총5획)'까지 글자 모양을 꾸미고 '동진(東晉)의~비유한 말이다.'까지의 세 줄을 자간 조절하여 두 줄로 나타내 봅니다.

① 글자 크기 : 20pt ② 글꼴 : 한양해서 ③ 속성 : 진하게 ④ 글자 색 : 에메랄드 블루

예제파일 Chapter04₩연습문제1_시작.hwp

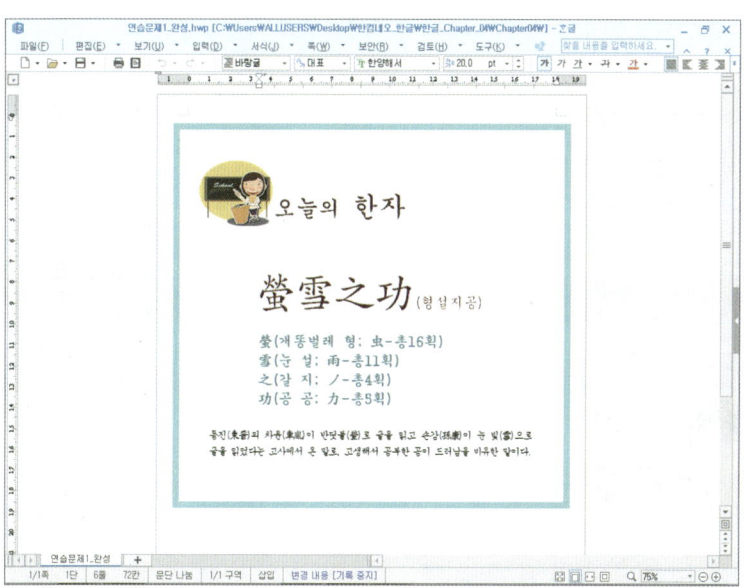

2 세계 여러 나라의 인사말 내용에서 언어만 블록 설정한 뒤 색상 테마의 주황에서 RGB(255, 69, 70)으로 나라명 색상을 변경해 봅니다.

예제파일 Chapter04₩연습문제2_시작.hwp

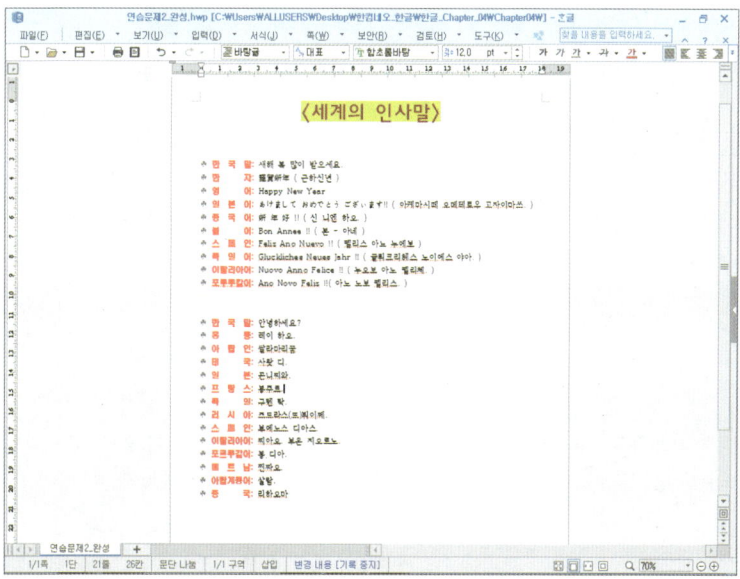

번개는 왜 지그재그 모양일까?

우리는 번개를 표현할 때 왜 지그재그 모양으로 할까요? 번개를 주제로 한 문서인 만큼 문서 안에 번개 모양이 삽입되어 있어요. '번개'하면 생각나는 느낌으로 문서를 꾸며 봅니다. 글자 서식 확장 설정 방법과 글자 테두리를 지정하고 그림에서 색을 추출해 활용해 보세요.

무엇을 배우나요?

★ 글자 서식 확장 방법을 학습합니다.

★ 글자 테두리 설정 방법을 학습합니다.

★ 그림 색 뽑기 방법을 학습합니다.

완성화면 미리보기

수업 길잡이

난이도 ★★☆☆☆

예제파일 Chapter05₩번개는 왜 지그재그 모양일까_시작.hwp

학습기능 글자 서식 확장, 글자 테두리 설정, 그림 색 뽑기

🔍 **이 학습과 예제를 통해** 문서 내용에 따라 적절한 글자 확장 속성을 사용할 수 있어요. 속성에는 그림자, 밑줄, 취소선, 외곽선, 강조점, 테두리, 배경 등이 있어요. 이 다양한 기능을 활용해 문서 내용을 더욱 돋보이게 하거나 강조되게 만들 수 있어요.

글자 서식 확장하고 테두리 적용하기

1 예제파일을 열고 문서 아래쪽 '지그재그'를 블록 설정한 후 [서식] 탭-[글자 모양](까)을 클릭합니다.

2 [글자 모양] 대화상자 [확장] 탭에서 다음과 같이 설정하고 [설정]을 클릭합니다.

> **대화상자 설정 값**
> ① 그림자 : 연속 ② 색 : 바다색 60% 밝게
> ③ 외곽선 : 실선 ④ 강조점 :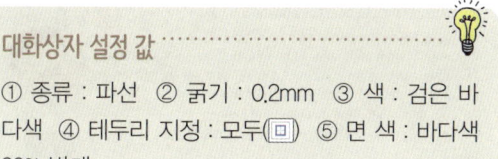

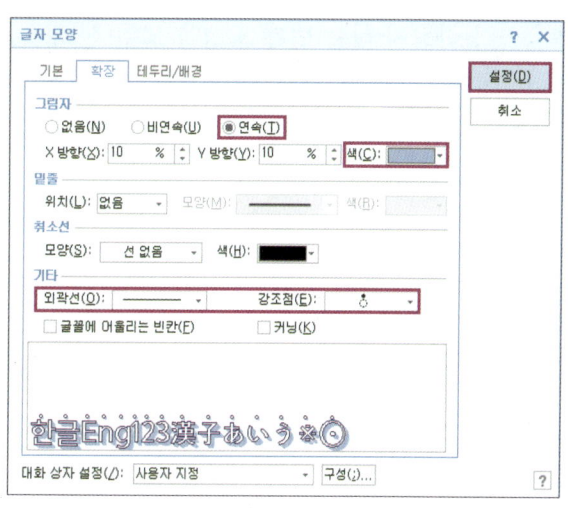

3 '번개는 일종의~쉬울 겁니다.'까지 블록 설정한 후 [서식] 탭-[글자 모양](까)을 클릭합니다.

4 [글자 모양] 대화상자 [테두리/배경] 탭에서 다음과 같이 설정하고 [설정]을 클릭합니다.

> **대화상자 설정 값**
> ① 종류 : 파선 ② 굵기 : 0.2mm ③ 색 : 검은 바다색 ④ 테두리 지정 : 모두(▢) ⑤ 면 색 : 바다색 60% 밝게

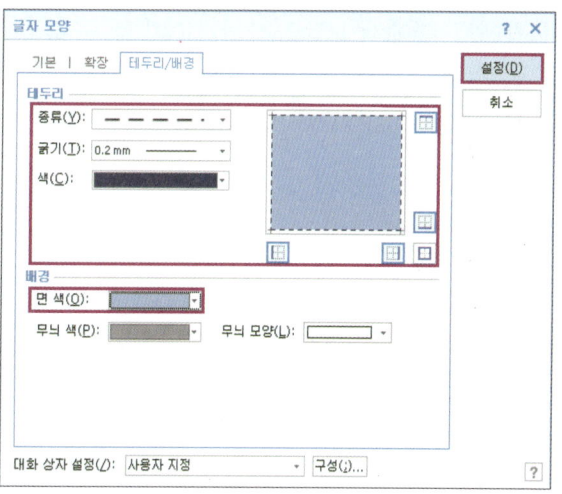

5 블록 설정한 '번개는 일종의~쉬울 겁니다.' 글자에 테두리/배경이 적용된 것을 확인할 수 있습니다.

1 색을 변경하고자 하는 번개 도형을 모두 선택한 후 [도형] 탭(　)-[채우기](　) 펄침 단추(　)를 클릭합니다.

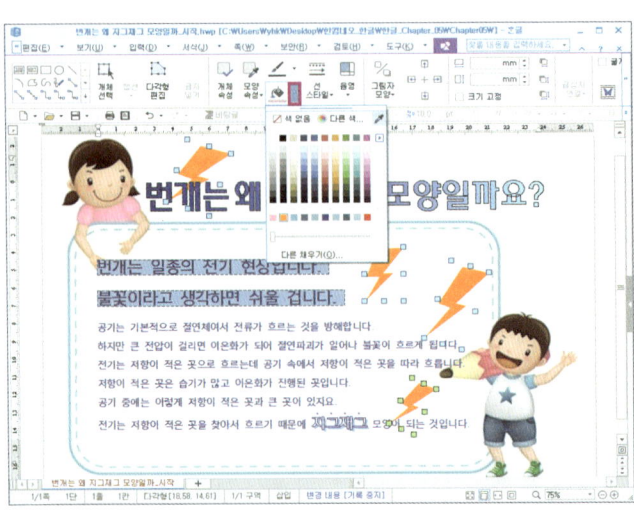

TIP

Shift를 누른 상태에서 개체를 하나하나 클릭하면 여러 개의 개체를 동시에 선택할 수 있습니다.

2 색 팔레트 창에서 [색 골라내기](　)를 클릭한 후 색을 골라내고자 하는 부분(여자 어린이의 분홍색 티셔츠)을 클릭합니다.

3 선택한 번개 도형 모두 골라낸 색으로 변경된 것을 확인할 수 있습니다.

연습문제 풀어보기!

1 블랙 해커에 반대되는 화이트 해커에 대한 내용의 문서에서 제목 '화이트 해커'를 그림자와 강조점으로 강조해 봅니다.

`예제파일` Chapter05₩연습문제1_시작.hwp

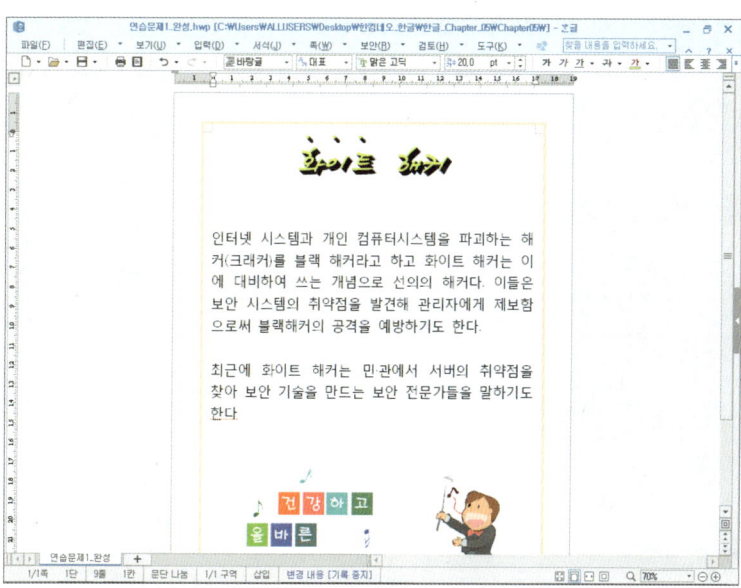

2 오늘의 한자인 '螢雪之功(형설지공)' 글자의 테두리와 배경, 무늬 색을 설정하여 주제어를 강조해 봅니다.

`예제파일` Chapter05₩연습문제2_시작.hwp

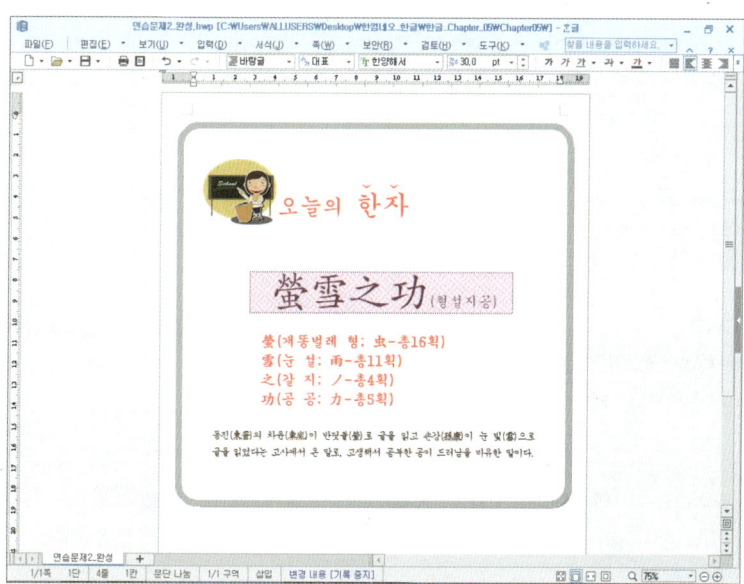

세계인이 가장 많이 쓰는 언어는 뭘까?

세계인이 가장 많이 쓰는 언어는 무엇일까요? 중국어일까요? 영어일까요? 이러한 궁금증을 풀어주는 문서를 이용해 내용에 따라 줄이 바뀌는 문단 설정 방법에 대해 알아봅니다. 내용을 왼쪽, 오른쪽, 가운데 기준으로 정렬할 수 있고 여백과 줄 간격을 조정할 수 있어요. 글을 편하게 읽을 수 있도록 문서를 만들어 보세요.

무엇을 배우나요?

★ 문단 모양 정렬 설정 방법을 학습합니다.

★ 문단 모양 여백 설정 방법을 학습합니다.

★ 문단 줄 간격 설정 방법을 학습합니다.

완성화면 미리보기

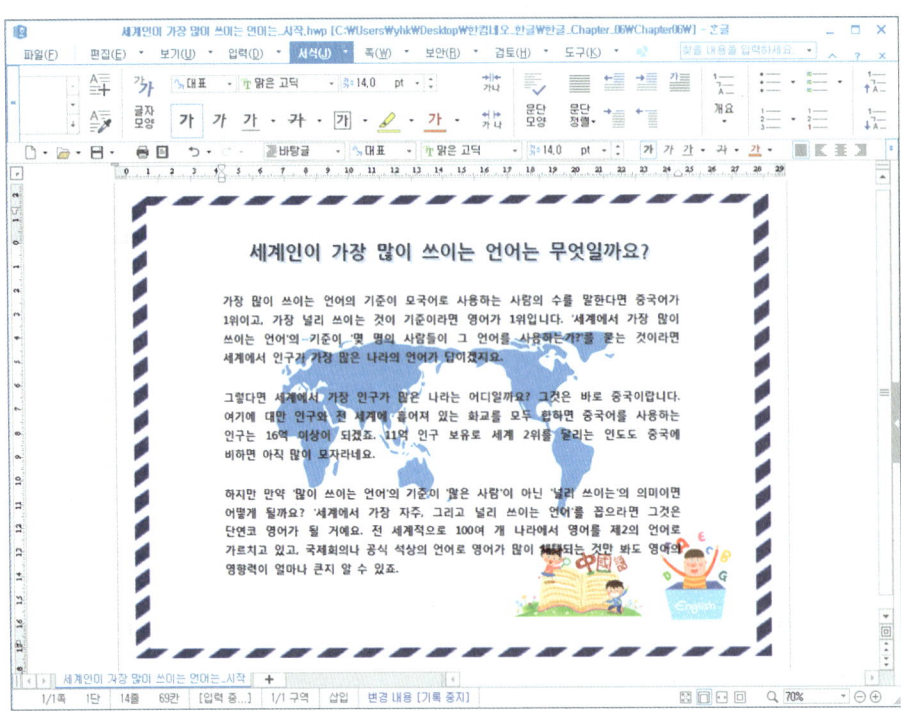

수업 길잡이

난이도	★★☆☆☆
예제파일	Chapter06₩세계인이 가장 많이 쓰는 언어는_시작.hwp
학습기능	문단 모양 정렬 설정, 문단 모양 여백 설정, 줄 간격 설정

🔍 이 학습과 예제를 통해 문서 내용에 따라 각각의 문단별로 정렬과 여백을 조정하여 문단 모양을 설정할 수 있어요. 또한 여러 문단에 같은 문단 모양을 적용할 수도 있어요. 줄과 줄 사이의 간격을 지정함으로 문서를 더욱 빠르게 읽을 수 있도록 할 수 있어요.

1 예제파일을 열고 문서 제목 아무 곳에나 커서를 두고 [서식] 탭-[문단 정렬](▤)을 클릭합니다.

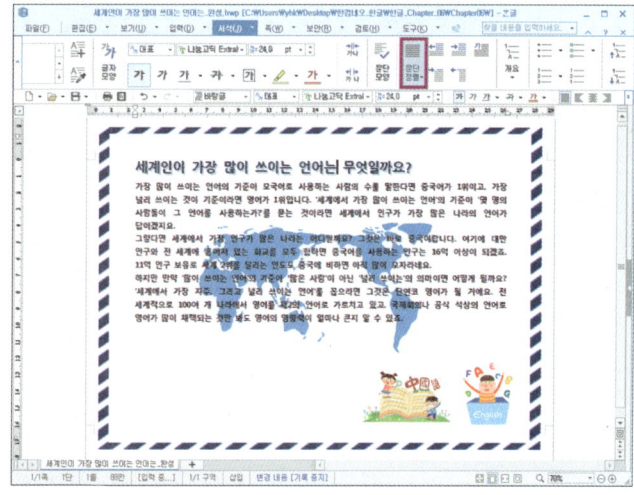

2 문단 정렬 옵션 중 [가운데 정렬]을 선택합니다.

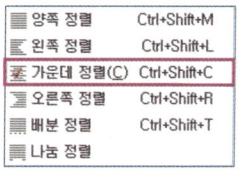

양쪽 정렬	Ctrl+Shift+M	
왼쪽 정렬	Ctrl+Shift+L	
가운데 정렬(C)	Ctrl+Shift+C	
오른쪽 정렬	Ctrl+Shift+R	
배분 정렬	Ctrl+Shift+T	
나눔 정렬		

3 문서 제목 문단이 가운데로 정렬된 것을 확인할 수 있습니다.

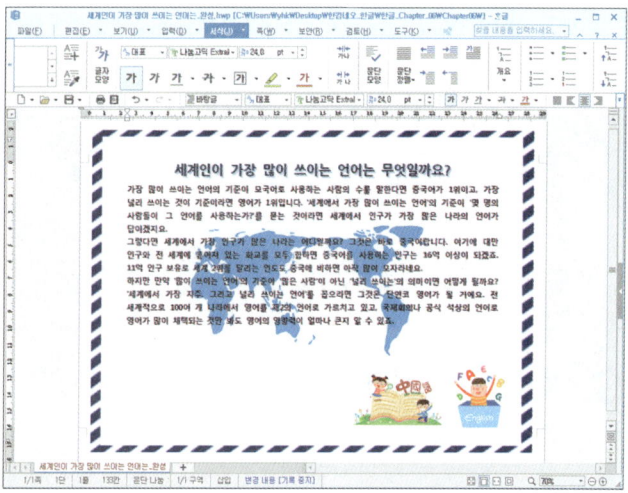

문단 여백 정렬하고 줄 간격 조정하기

1 내용 전체를 블록 설정한 후 [서식] 탭-[문단 모양](📋)을 클릭합니다.

TiP

[문단 모양] 단축키 : Alt + T

2 [문단 모양] 대화상자의 [기본] 탭에서 다음과 같이 설정하고 [설정]을 클릭합니다.

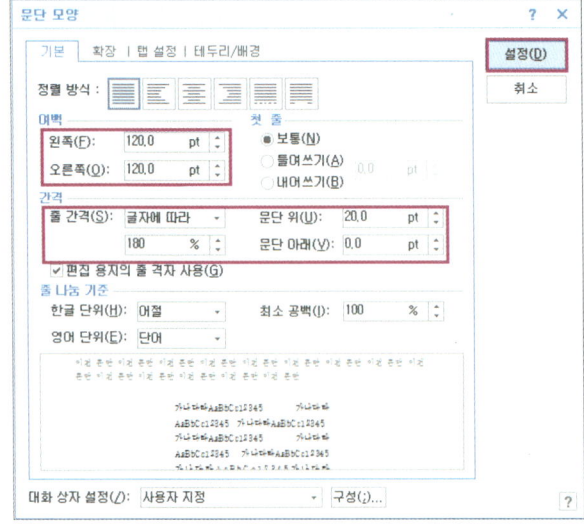

대화상자 설정 값

① 왼쪽 : 120pt ② 오른쪽 : 120pt
③ 줄 간격 : 180% ④ 문단 위 : 20pt

3 블록 설정한 문단들의 여백, 줄 간격, 문단 위 간격이 변경된 것을 확인할 수 있습니다.

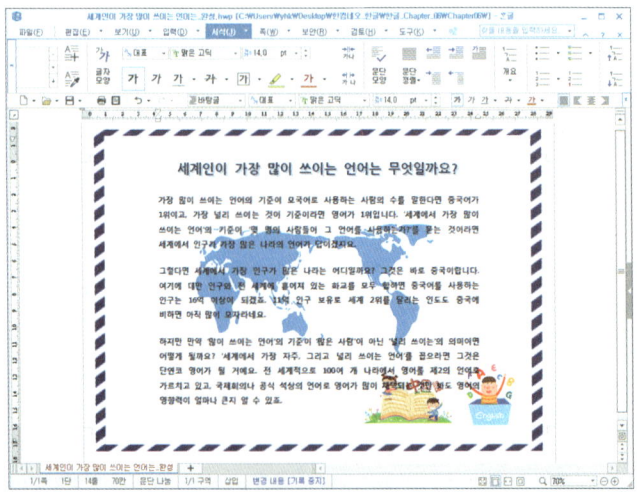

1 '고양이 길들이기' 문서 제목을 '가운데 정렬'하고 본문 내용을 '왼쪽 정렬'로 변경해 봅니다.

`예제파일` Chapter06\연습문제1_시작.hwp

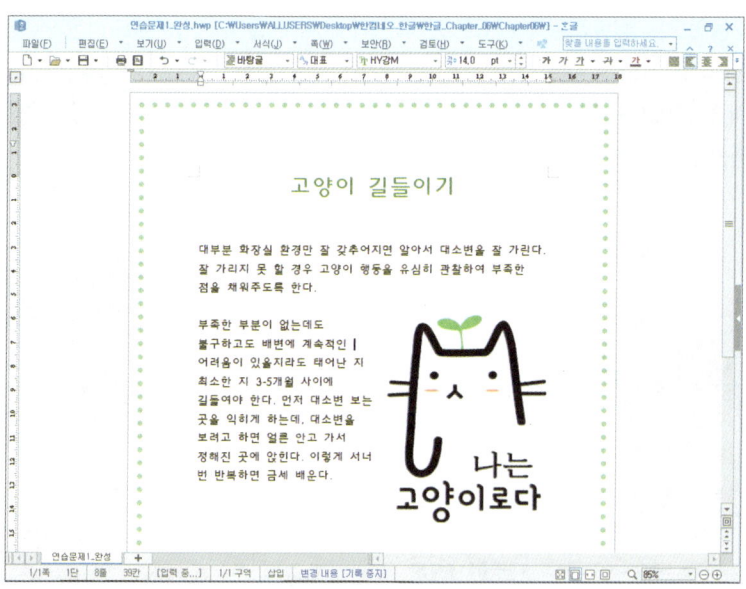

2 '강아지 길들이기' 1페이지의 문서를 다음과 같이 설정해 2페이지로 늘여봅니다.

① 줄간격 : 250%   ② 문단 위 : 20pt

`예제파일` Chapter06\연습문제2_시작.hwp

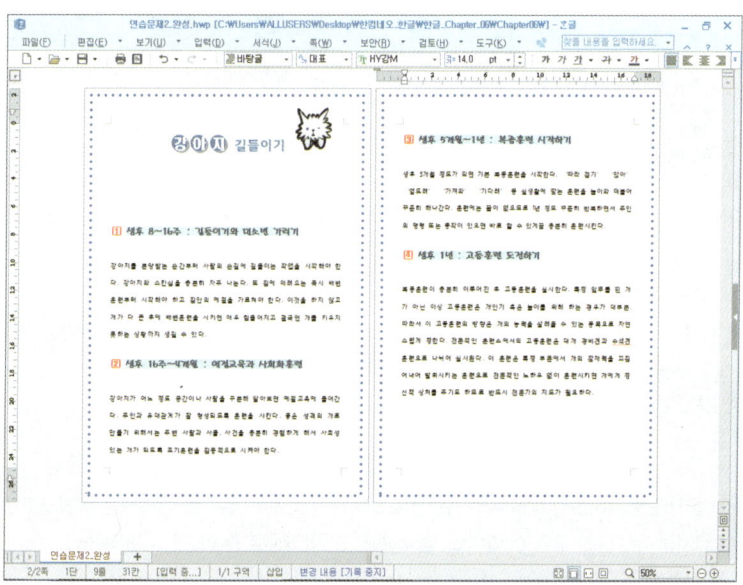

Chapter 07

월드컵 축구는
언제부터 시작되었을까?

4년에 한 번씩 돌아오는 월드컵을 아나요? 전 국민의 축제라 할 수 있는 월드컵은 언제부터 시작되었을까요? 세계 최고 스포츠 '월드컵'에 대한 문서에 시선을 집중시킬 수 있도록 문단 첫 글자 장식과 문단 모양의 들여쓰기/내어쓰기를 이용해 봅니다. 클릭 몇 번으로 문서를 꾸밀 수 있어요. [서식] 탭을 이용해 손쉽게 문서를 꾸며 보세요.

무엇을 배우나요?
★ 문단 첫 글자 장식 방법을 학습합니다.
★ 각 문단의 첫 줄을 한 번에 들여쓰기/내어쓰기를 할 수 있는 방법을 학습합니다.

완성화면 미리보기

수업 길잡이

난이도	★★☆☆☆
예제파일	Chapter07₩월드컵_시작.hwp
학습기능	문단 첫 글자 장식, 들여쓰기, 내어쓰기

🔍 이 학습과 예제를 통해 문단의 첫 글자를 장식하는 방법을 익힐 수 있어요. 문단의 첫 번째 글자를 강조하는 방법으로 첫 번째 글자의 글꼴, 테두리, 장식 모양 등을 지정하여 글자를 독특하게 꾸밀 수 있어요. Space Bar 로 힘들게 두 줄 이상의 내용을 들어가게 하지 않고 들여쓰기, 내어쓰기에서 손쉽게 글자 위치를 정리할 수 있어요.

문단 첫 글자 장식하기

1 예제파일을 열고 '월드컵은 올림픽 이상의~'로 시작하는 문단으로 커서를 이동한 다음, [서식] 탭-[문단 첫 글자 장식]을 선택합니다.

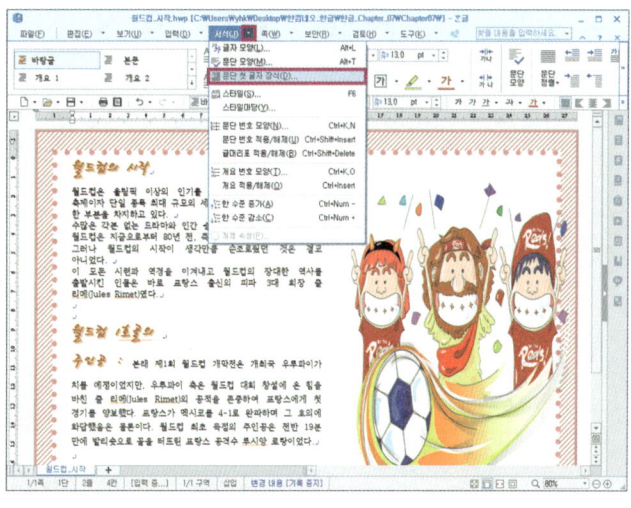

TIP

블록을 지정한 상태에서는 문단 첫 글자 장식을 설정할 수 없습니다.

2 [문단 첫 글자 장식] 대화상자가 나타나면 [모양]에서 [3줄](᠃)을 클릭하고 다음과 같이 설정한 다음 [설정]을 클릭합니다.

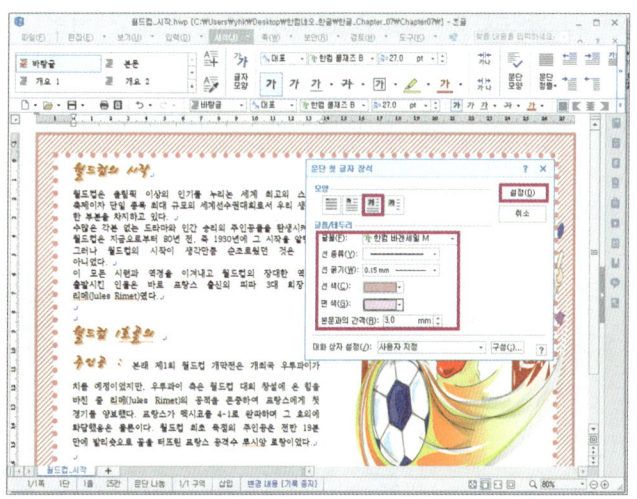

대화상자 설정 값 ·······················

① 글꼴 : 한컴 바겐세일 M   ② 선 종류 : 실선
③ 선 굵기 : 0.15mm   ④ 선 색 : 루비색 60% 밝게
⑤ 면 색 : 진달래색 80% 밝게

3 커서가 위치한 문단의 첫 글자가 설정한 모양으로 꾸며집니다.

1 '수많은~'으로 시작하는 문단을 블록 설정한 후 [서식] 탭–[문단 모양]( )을 클릭하여 [문단 모양] 대화상자에서 [첫 줄]–[들여쓰기]를 '20pt'로 설정하고 [설정]을 클릭합니다.

2 블록 설정한 문단 첫 줄이 20pt 들여쓰기된 것을 확인할 수 있습니다.

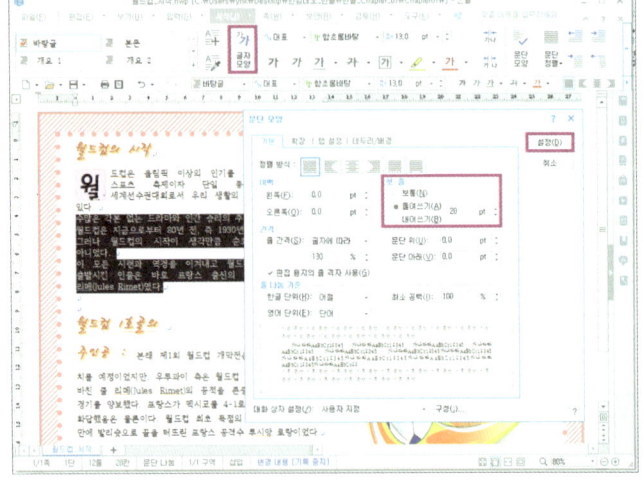

3 '주인공~'으로 시작하는 문단을 블록 설정한 후 [서식] 탭–[문단 모양]( )을 클릭하여 [문단 모양] 대화상자에서 [첫 줄]–[내어쓰기]를 '93.9pt'로 설정하고 [설정]을 클릭합니다.

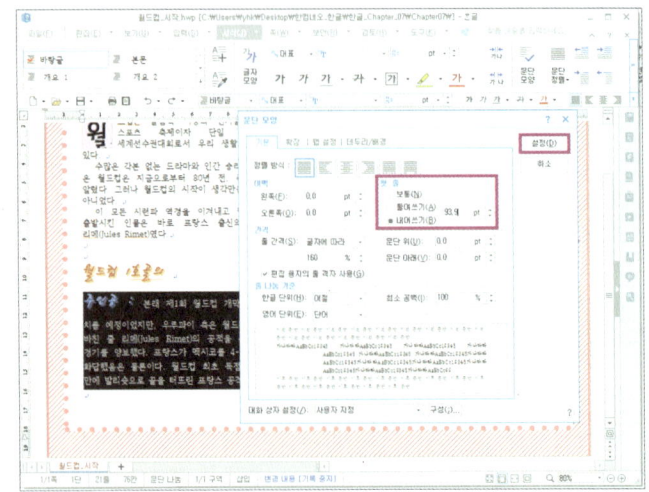

4 첫 줄을 제외한 문단 전체의 왼쪽 여백이 내어쓰기 값만큼 들어가서 시작된 것을 확인할 수 있습니다.

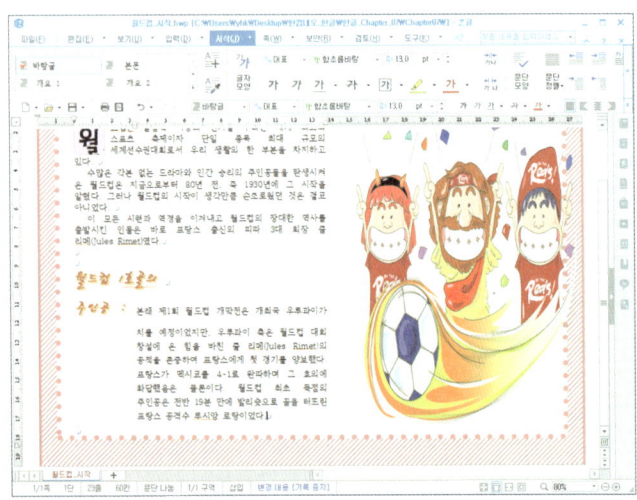

TiP

빠른 내어쓰기(Shift + Tab) 방법 : 내어쓰기 해야 할 문단의 위치에 커서를 위치시키고 Shift + Tab 으로 빠른 내어쓰기를 설정할 수 있습니다.
예) '주인공 :' 뒤에 커서를 두고 Shift + Tab

연습문제 풀어보기!

1 문단 첫 글자 장식 기능을 이용해 양궁에 대한 설명 문서의 첫 글자를 강조해 봅니다.

① 글꼴 : 한컴 쿨재즈 B ② 선 종류 : 점선 ③ 선 굵기 : 1mm ④ 선 색 : 루비색 10% 어둡게
⑤ 면 색 : 연한 올리브색 90% 밝게

예제파일 Chapter07\연습문제1_시작.hwp

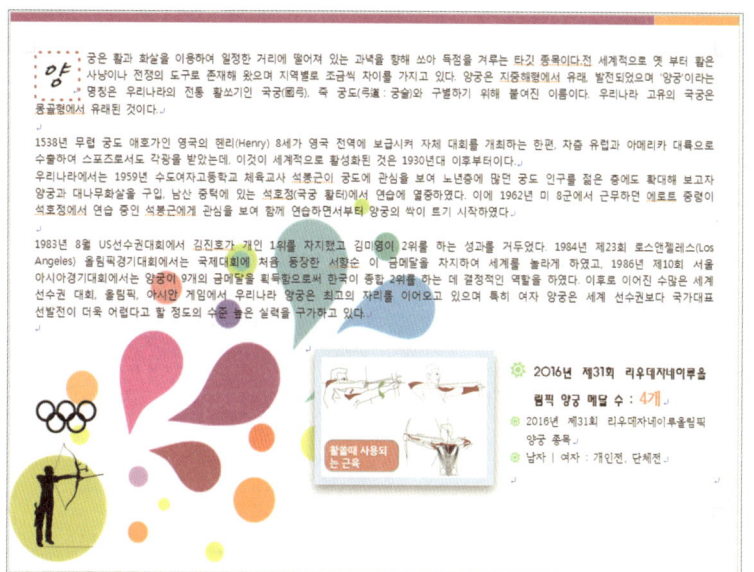

2 겨울철 운동 주의사항에 대한 문서에서 ☑ 표시 다음에는 두 줄 이상의 내용이 정리될 수 있도록 변경해 봅니다.

예제파일 Chapter07\연습문제2_시작.hwp

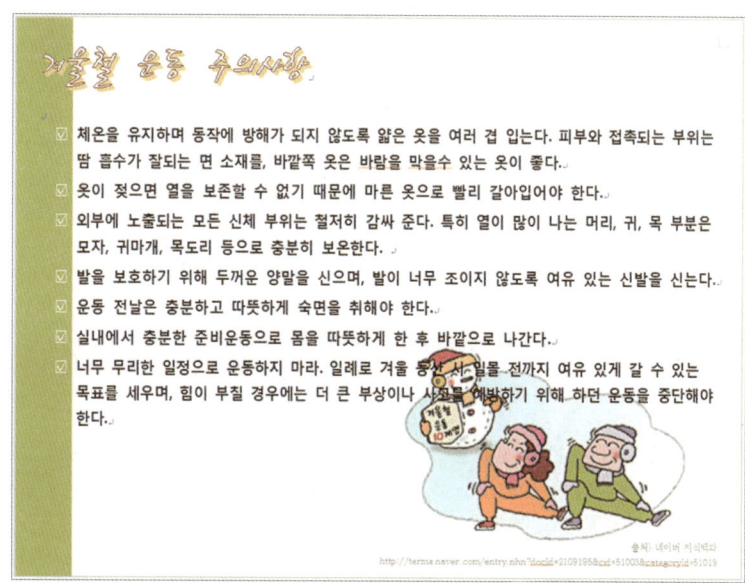

Chapter 08
태풍의 이름은 어떻게 붙여질까?

태풍의 이름은 참 다양해요. 이러한 태풍의 이름들은 어떻게 붙여지는 것일까요? 재미있는 태풍 이름에 대한 문서처럼 여러 개의 항목을 나열할 때 문단 번호를 매기거나 글머리표를 넣는다면 좀 더 정돈된 문서를 만들 수 있어요. 시작 부분에 번호를 매기거나 글머리표를 붙이는 기능으로 문단 번호를 이용합니다. 문장의 순서가 변경되었을 때 자동으로 문단 번호를 바꾸는 방법도 배워 보세요.

무엇을 배우나요?

★ 숫자 문단 번호 설정 및 편집 방법을 학습합니다.

★ 글머리표 설정 및 편집 방법을 학습합니다.

★ 그림 글머리표 설정 및 편집 방법을 학습합니다.

완성화면 미리보기

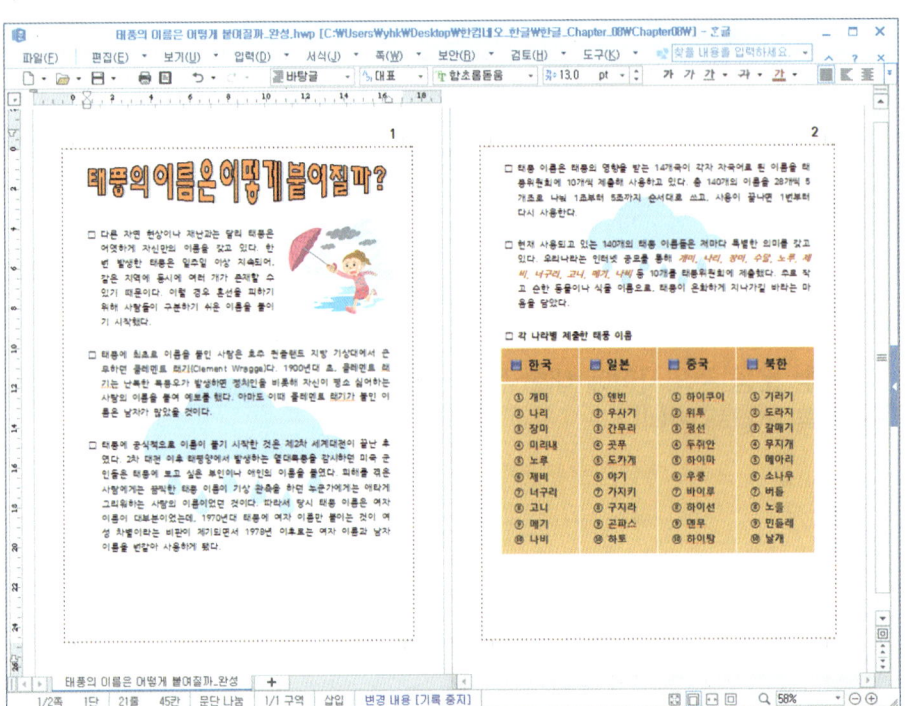

수업 길잡이

난이도 ★★★☆☆

예제파일 Chapter08₩태풍의 이름은 어떻게 붙여질까_시작.hwp

학습기능 숫자 문단 번호 설정, 글머리표 설정, 그림 글머리표 설정

🔍 **이 학습과 예제를 통해** 여러 항목을 나열한 문서 문단 앞에 번호를 매기거나 기호나 그림으로 글머리표를 붙이는 방법을 학습할 수 있어요. 문단 번호를 통해 항목을 쉽게 구분할 수 있게 꾸밀 수 있어요.

숫자 문단 번호 삽입하기

1 예제파일을 열고 2페이지로 이동하여 각 나라별 태풍 이름이 적혀있는 부분을 전체 블록 설정한 후 [서식] 탭-[문단 번호 모양]을 선택합니다.

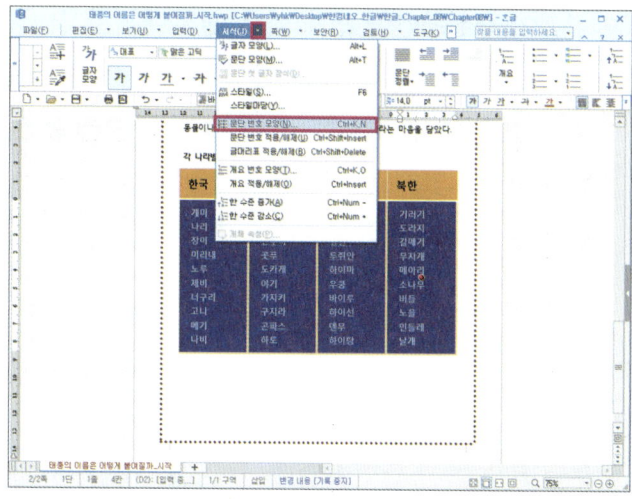

2 [문단 번호/글머리표] 대화상자가 나타나면 [문단 번호] 탭에서 문단 번호 모양을 선택한 후 [설정]을 클릭합니다.

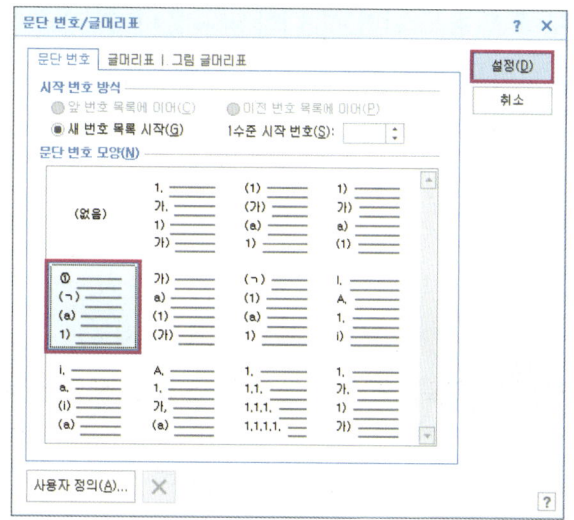

3 각 나라별 태풍 이름에 문단 번호가 각각 매겨진 것을 확인할 수 있습니다.

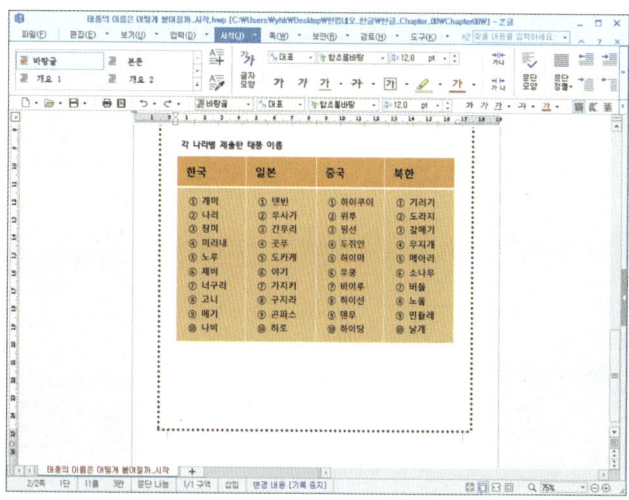

1 1페이지의 문단을 전체 블록 설정 후 [서식] 탭-[문단 번호 모양]을 선택합니다.

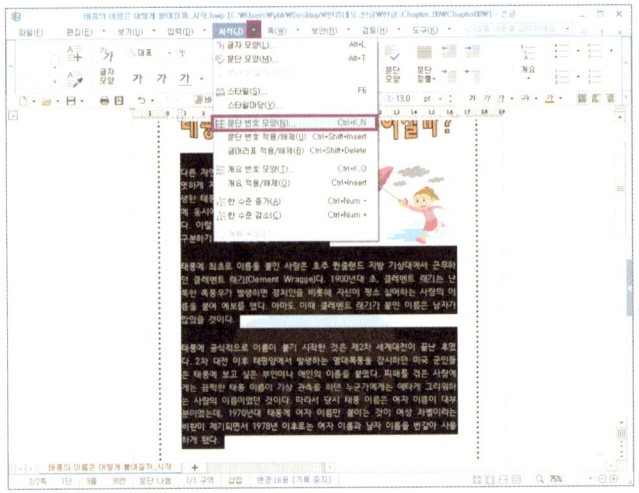

2 [문단 번호/글머리표] 대화상자가 나타나면 [글머리표] 탭에서 글머리표 모양을 선택한 후 [설정]을 클릭합니다.

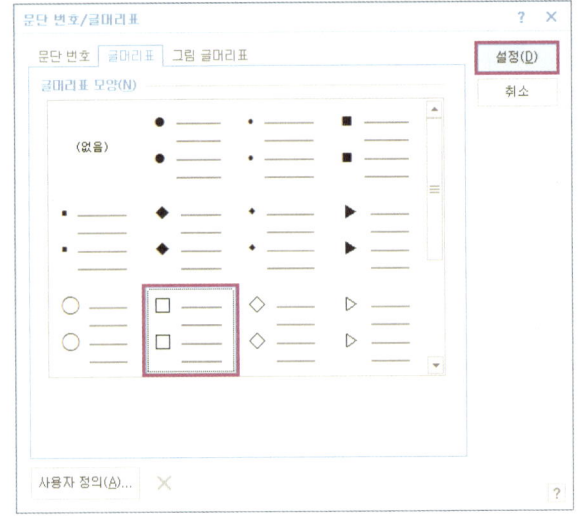

TiP

원하는 글머리표가 없을 경우에는 [사용자 정의]를 클릭해 다양한 글머리표를 설정할 수 있습니다.

3 그림 문단 번호를 넣기 위해 2페이지의 '한국', '일본', '중국', '북한'을 블록 설정 후 [서식] 탭-[그림 글머리표]( )의 펼침 단추( )를 클릭합니다.

4 [그림 글머리표]를 선택해 적용합니다.

Let's Practice!

연습문제 풀어보기!

1 '2015 국내 흥행 애니메이션 1~5위'의 영화 이름을 블록 지정한 후 ①~⑤ 번호가 자동으로 매겨지는 문단 번호를 적용해 봅니다.

예제파일 Chapter08₩연습문제1_시작.hwp

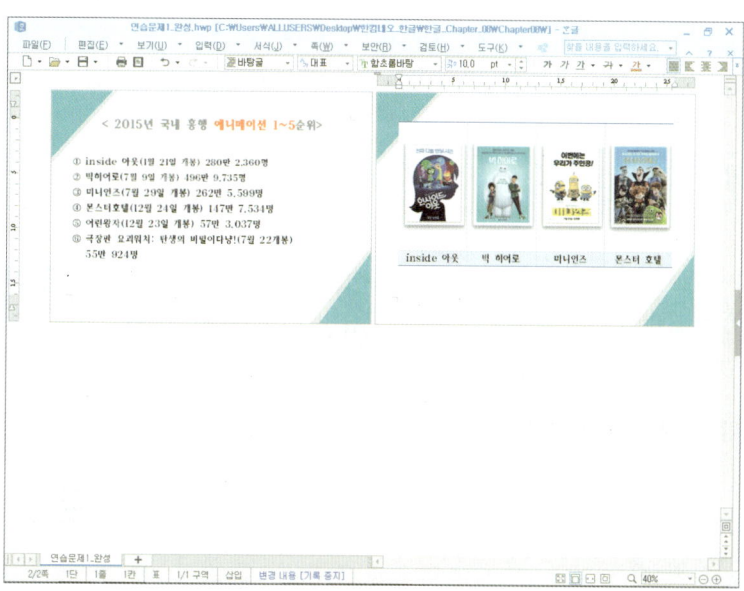

2 '일~토요일'까지의 요일에는 그림 글머리표, 기원과 유래 표 내용에는 글머리표를 적용하여 문단의 맨 앞에 기호를 추가해 봅니다.

예제파일 Chapter08₩연습문제2_시작.hwp

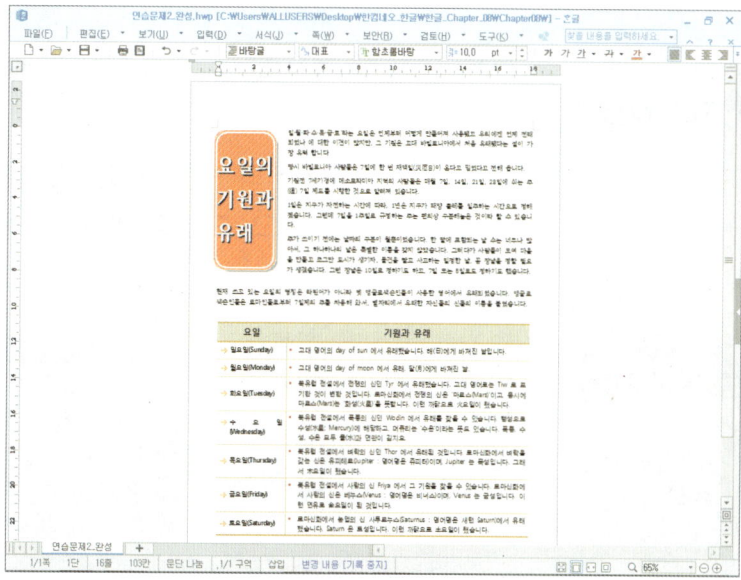

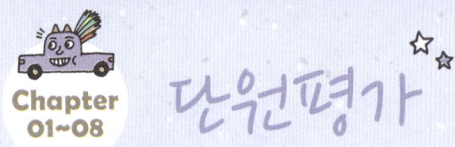

1 한글 문서 작성에 대한 설명으로 올바르지 않은 것은?

① 화면 확대/축소를 이용하여 여러 장의 페이지를 한 번에 볼 수 있다.
② 한글에서 제공하는 문서마당은 내용을 변경할 수 없다.
③ 한글 파일을 저장하면 '파일명.hwp'로 저장된다.
④ 한글 오른쪽 아래에 전체 화면, 쪽 윤곽, 폭 맞춤 보기를 제공한다.

2 문서 작성에 필요한 용지 설정 단축키는?

① F1　　　　② F2
③ F5　　　　④ F7

3 용지 설정 화면에서 제공하는 기능으로 올바르지 않은 것은?

① 용지 방향　　② 상하좌우 여백
③ 종류　　　　④ CCL 넣기

4 한글로 작성된 글자를 한자로 바꿀 수 있는 단축키는?

① F3　　　　② F9
③ Alt + F3　　④ Alt + F9

5 '◇' 도형 안에 '＊' 표시를 넣어 사용자가 직접 만드는 기능은?

① 문자표　　　② 주석
③ 채우기　　　④ 글자 겹치기

6 자주 쓰이는 문자열을 따로 등록해 놓았다가, 필요할 때 등록한 준말을 입력하면 본말 전체가 입력되도록 하는 하는 기능은?

① 메모
② 상용구
③ 책갈피
④ 문서 끼워 넣기

7 다음 그림의 '한글' 글자에 적용된 글자 서식이 아닌 것은?

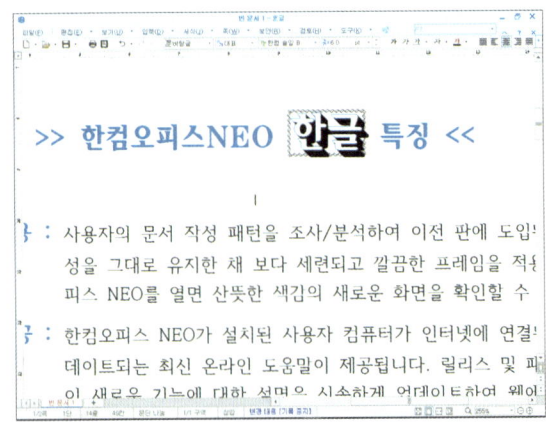

① 외곽선　　　② 그림자
③ 테두리　　　④ 기울임

8 2개 이상의 도형 개체를 선택할 때 ( ) 키를 누르고 도형을 선택하면 동시에 선택할 수 있다. ( ) 안의 단축키는?

① Shift
② Alt
③ Ctrl
④ Space Bar

정답　1②　2④　3④　4②　5④　6②　7④　8①

9 문단 모양에서 제공하는 기능이 아닌 것은?

① 정렬
② 줄 간격
③ 내어쓰기/들여쓰기
④ 자간

10 다음 그림과 같은 결과를 만들 수 있는 기능은?

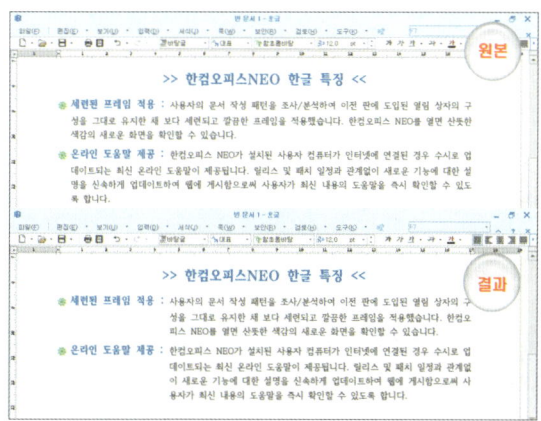

① 스타일
② 문단의 첫 글자 장식
③ 글머리표
④ 개요 번호

11 다음 그림의 '원본'에서 '결과'를 비교하였을 때 적용된 단축키는?

① Ctrl + Enter
② Ctrl + N + T
③ Shift + Tab
④ Tab

12 Enter 가 입력된 문단의 첫 위치에 자동으로 나타나는 [문단 번호/글머리표] 대화상자에서 제공하는 기능이 아닌 것은?

① 문단 번호
② 글머리표
③ 그림 글머리표
④ 동영상 글머리표

13 다음 글자 서식 중 색상 작업에 대한 설명이 올바르지 않은 것은?

① 다른 도형의 색상을 추출하여 글자 색으로 사용 가능하다.
② 색상 테마를 변경하면 테마에 따라 이미 작성된 글자 색도 모두 변경된다.
③ RGB 값을 직접 입력하여 색을 지정할 수 있다.
④ 사용자 정의 색을 추가하여 사용할 수 있다.

Chapter 09

세탁기에 소금을 넣으면 어떻게 될까?

세탁기에 소금을 넣으면 어떻게 될까요? 소금은 표백제의 역할도 하고 거품을 잡기도 한대요. 이러한 내용을 담은 문서에서 반복 작업을 해야 할 경우 필요한 기능을 배워 봅니다. 이미 설정한 글자 모양이나 문단 모양을 문서에 반복해서 적용해야 하는 경우 모양 복사 기능을 이용하여 간단하고 빠르게 적용할 수 있어요. 방법을 연습해 보세요.

무엇을 배우나요?

★ 글자 모양을 한꺼번에 적용하는 방법을 학습합니다.

★ 문단 모양을 한꺼번에 적용하는 방법을 학습합니다.

완성화면 미리보기

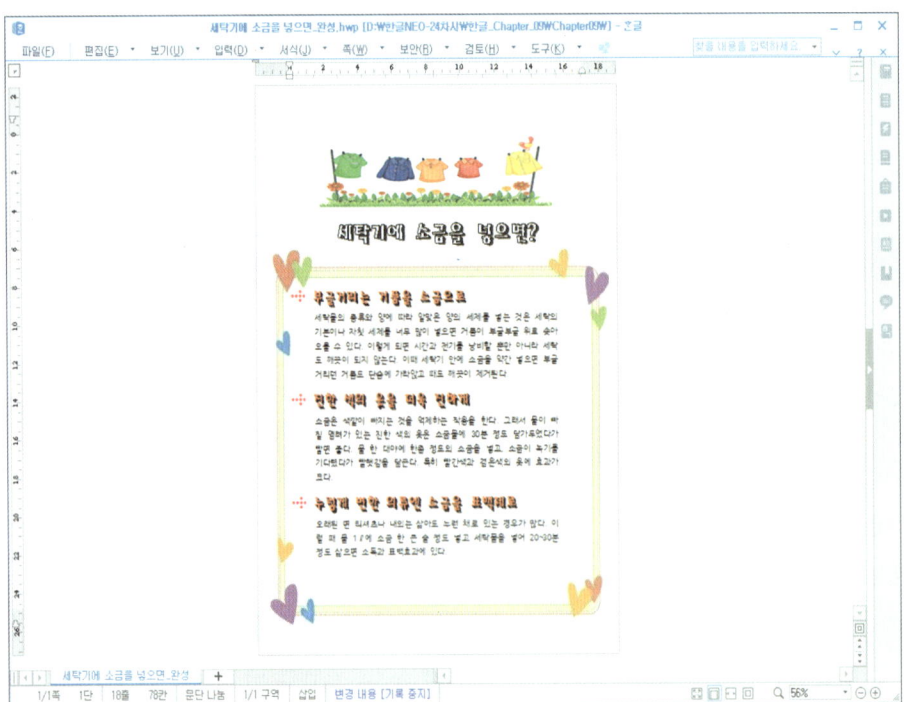

수업 길잡이

난이도 ★★☆☆☆

예제파일 Chapter09₩세탁기에 소금을 넣으면_시작.hwp

학습기능 모양 복사–글자 모양, 모양 복사–문단 모양

이 학습과 예제를 통해 글자 모양, 문단 모양을 여러 번 적용하지 않고 한꺼번에 적용하는 방법을 배울 수 있어요. 문서에 적용된 글자 모양, 문단 모양 등을 한꺼번에 다른 위치로 손쉽게 복사할 수 있기 때문에 편리해요. 또한 여러 곳에 반복적으로 사용할 수 있어서 문서 편집 시간을 줄일 수 있어요.

글자 모양 한꺼번에 적용하기

1 예제파일을 열고 글자 모양을 복사할 '부글거리는 거품을 소금으로' 문서 소제목에 커서를 위치시킨 후 [편집] 탭-[모양 복사]() 를 클릭합니다.

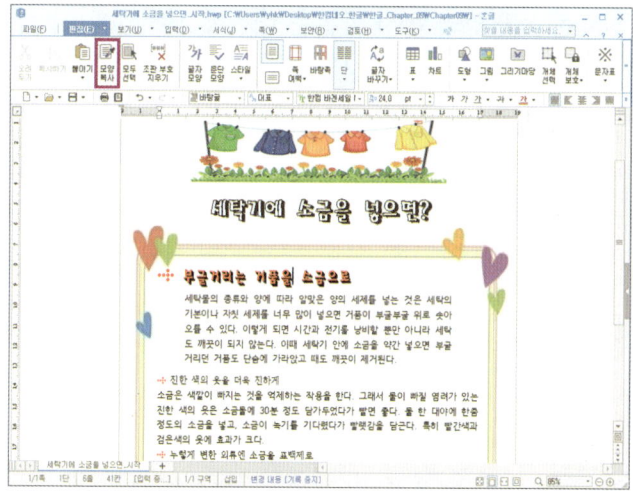

2 [모양 복사] 대화상자에서 [글자 모양]을 선택하고 [복사]를 클릭합니다.

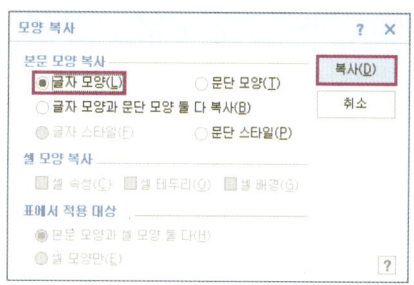

3 동일한 글자 모양으로 변경할 소제목 부분을 블록 설정한 후 [편집] 탭-[모양 복사]() 를 클릭합니다.

4 글자 모양이 적용된 것을 확인할 수 있습니다.

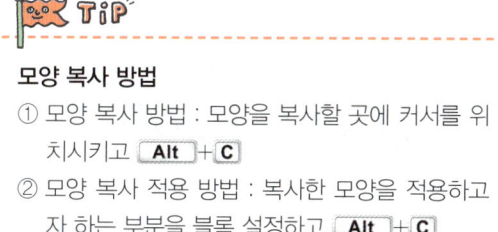

모양 복사 방법

① 모양 복사 방법 : 모양을 복사할 곳에 커서를 위치시키고 Alt + C

② 모양 복사 적용 방법 : 복사한 모양을 적용하고자 하는 부분을 블록 설정하고 Alt + C

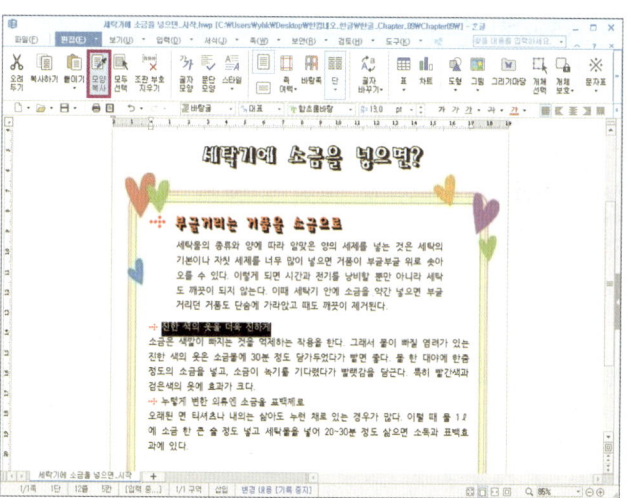

1 문단 모양을 복사할 본문 내용에 커서를 위치시킨 후 [편집] 탭-[모양 복사](📋)를 클릭합니다.

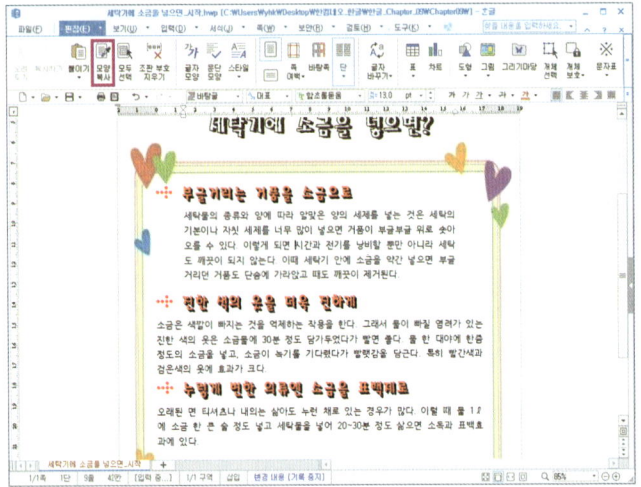

2 [모양 복사] 대화상자에서 [문단 모양]을 선택하고 [복사]를 클릭합니다.

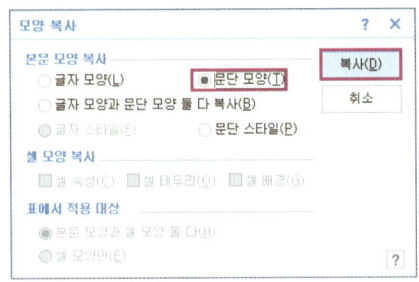

3 동일한 문단 모양으로 변경할 본문 내용 부분을 블록 설정한 후 [편집] 탭-[모양 복사](📋)를 클릭합니다.

4 복사한 문단 여백, 간격 등 문단 모양이 적용된 것을 확인할 수 있습니다.

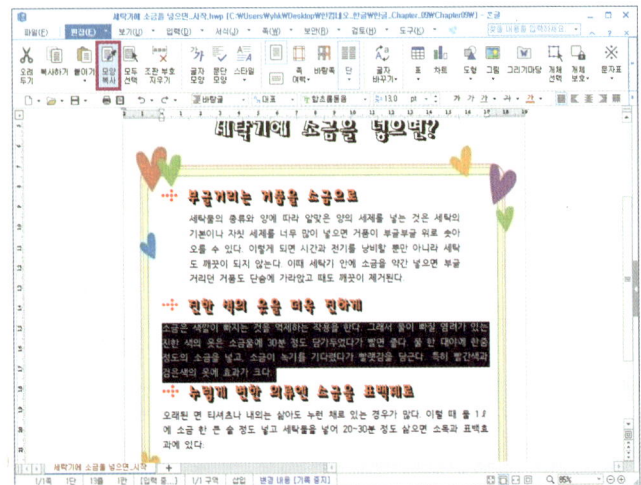

연습문제 풀어보기!

1 '| 스마트폰 블루라이트 |'의 글자 서식을 복사하여 각각 제목에 같은 서식으로 적용해 봅니다.

예제파일 Chapter09₩연습문제1_시작.hwp

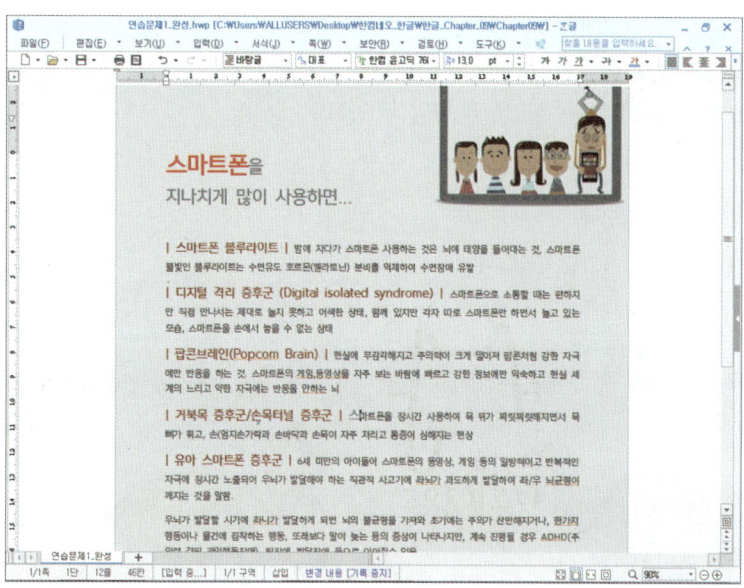

2 '인터넷 중독 예방 지침'의 첫 번째 '특별한 목적 없이~'의 글머리표와 문단 아래 여백을 본문 내용에 적용해 봅니다.

예제파일 Chapter09₩연습문제2_시작.hwp

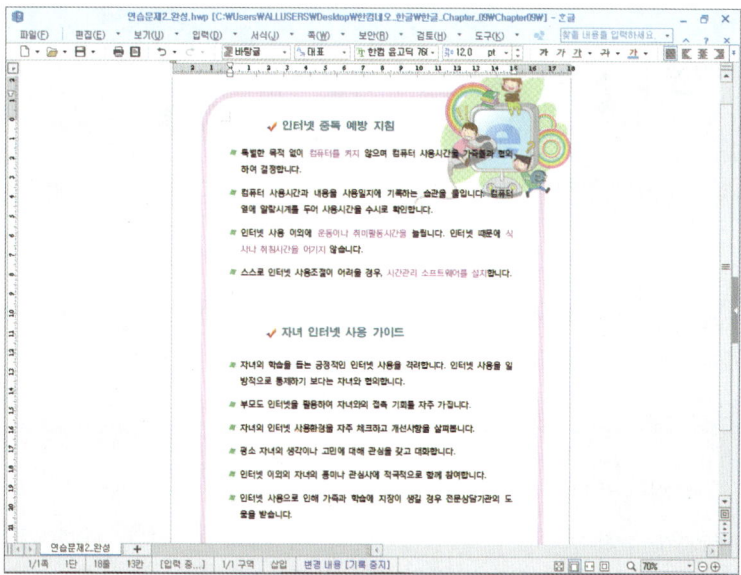

잠꼬대는 왜 할까?

우리는 잠을 자는 동안 잠꼬대를 왜 할까요? 잠꼬대하는 이유를 설명한 문서를 더욱 돋보이게 하기 위해 '잠꼬대'라는 주제와 어울리는 여러 가지 효과를 글자에 설정해 봅니다. 글자 모양을 입체적이고, 다양하게 표현해 문서를 더욱 화려하게 꾸밀 수 있어요.

무엇을 배우나요?

★ 글맵시 삽입 방법을 학습합니다.

★ 삽입한 글맵시를 편집하는 방법을 학습합니다.

완성화면 미리보기

수업 길잡이

난이도 ★★★☆☆

예제파일 Chapter10₩잠꼬대는 왜 할까_시작.hwp

학습기능 글맵시 삽입, 글맵시 편집

🔍 이 학습과 예제를 통해 글자를 구부리거나 글자의 외곽선, 면 채우기, 그림자, 회전 등의 효과를 주어 문서 제목이나 강조해야 할 내용을 꾸밀 수 있어요. 제목에 글맵시를 적용해 시선을 제목으로 집중시킬 수 있어요.

글맵시 삽입하기

1 예제파일을 열고 [입력] 탭–[글맵시](🖼)를 클릭한 후 [채우기]–[파란색 그러데이션, 역 갈매기형 수장 모양]을 선택합니다.

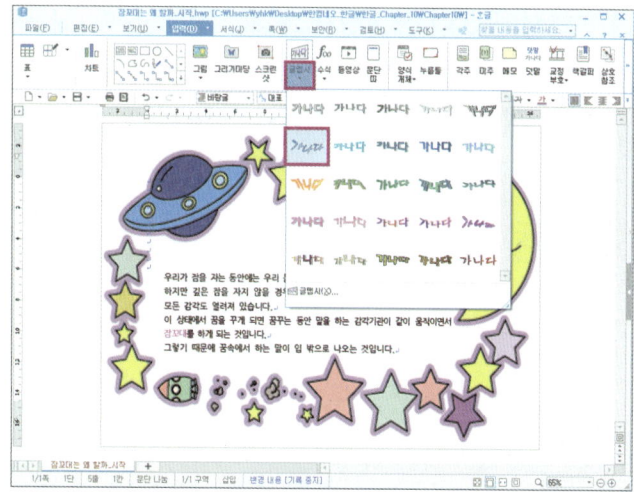

2 [글맵시 만들기] 대화상자가 나타나면 내용 입력란에 '잠꼬대는 왜 할까?'를 입력한 후 다음과 같이 글꼴을 선택한 후 [설정]을 클릭합니다.

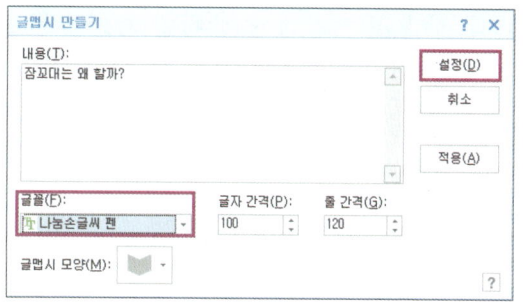

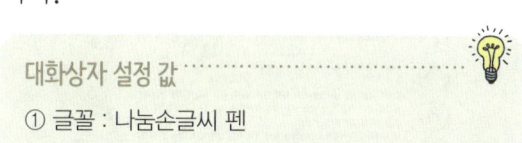
대화상자 설정 값
① 글꼴 : 나눔손글씨 펜

🚩 TiP

'나눔손글씨 펜'은 무료 글꼴로 인터넷을 통해 다운로드 받을 수 있습니다.

3 삽입된 글맵시 개체를 선택한 후 크기 조절점을 마우스로 드래그하여 개체의 크기를 적당히 조절합니다.

1 문서에 삽입된 글맵시 개체를 선택한 후 [글맵시] 탭( )-[글맵시 모양]( )을 클릭하고 [위쪽 수축]을 선택합니다.

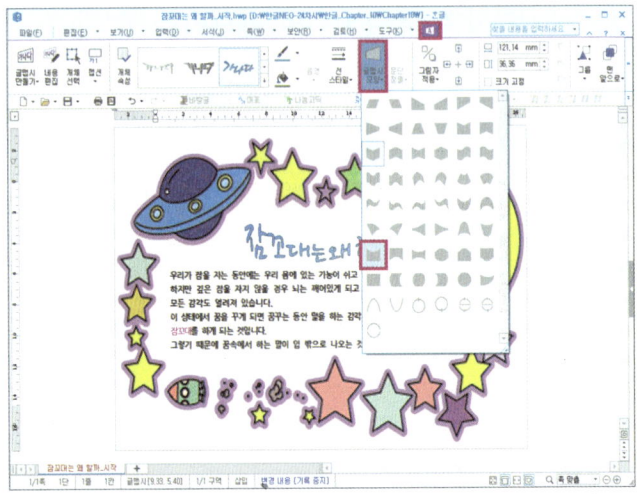

2 [글맵시] 탭( )-[글맵시 스타일] 테마의 [자세히]( )를 클릭하여 [채우기-밤색 그러데이션, 연황토색 그림자, 아래로 넓은 원통 모양]을 선택합니다.

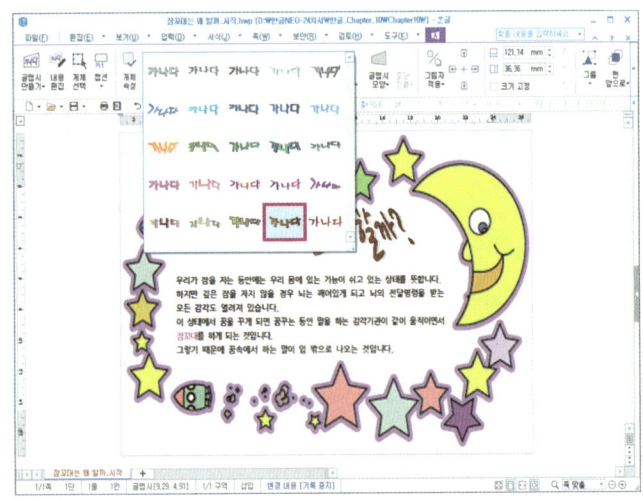

3 변경한 글맵시 스타일로 적용된 것을 확인할 수 있습니다.

Let's Practice!

연습문제 풀어보기!

1 문서의 가장 위에 글맵시를 삽입하고 글맵시 모양을 다음과 같이 작성해 봅니다.

① 글꼴 : HY견고딕   ② 글맵시 모양 : 역아래로 계단식

예제파일 Chapter10₩연습문제1_시작.hwp

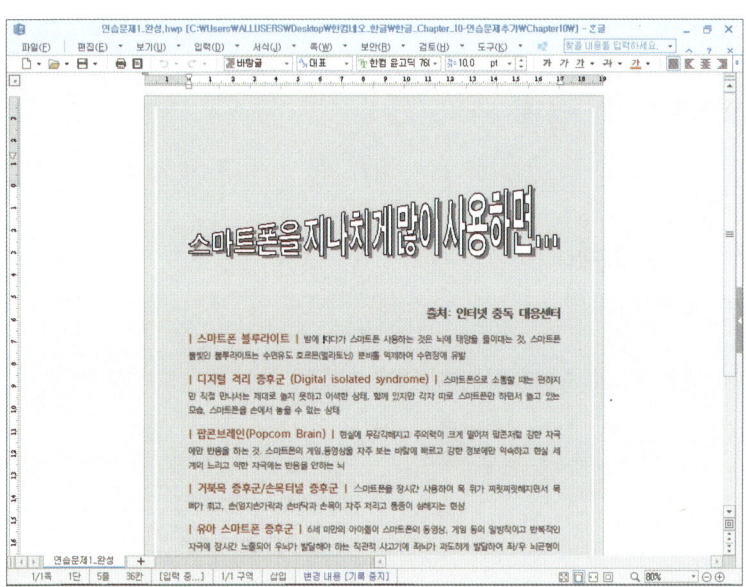

2 글맵시로 작성된 제목을 다음과 같이 수정하여 글맵시 서식을 변경해 봅니다.

① 글꼴 : 한컴 솔잎 B   ② 글맵시 모양 : 위쪽 원호

예제파일 Chapter10₩연습문제2_시작.hwp

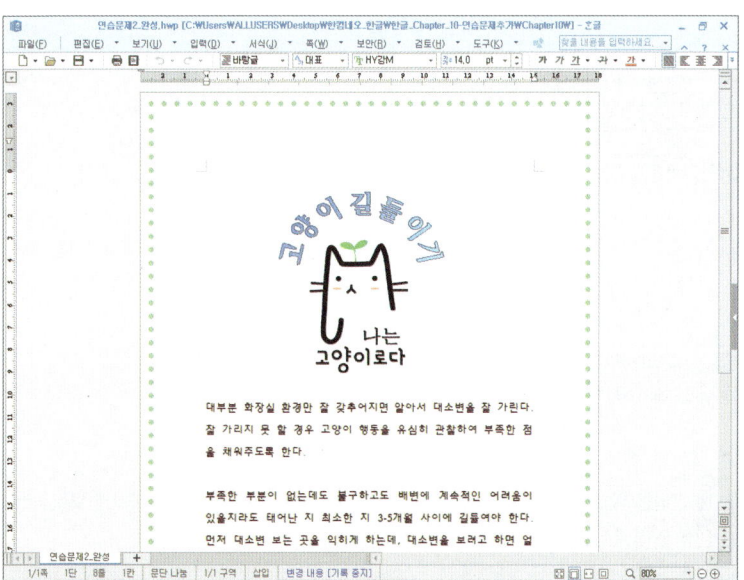

Chapter 11

응급상황 안전 상식을 알아볼까?

응급상황 안전 상식을 담고 있는 문서에는 자료가 너무 많아 정리가 필요해요. 복잡한 내용이나 숫자로 입력된 자료를 일목요연하게 정리하여 표현할 수 있는 것으로 표를 대표적으로 볼 수 있어요. 자료를 깔끔하게 정리할 수 있는 표 삽입 방법과 삽입된 표를 문서 위치에 따라 합치거나 나누어서 보기 좋은 문서로 만드는 방법을 배워봅니다.

무엇을 배우나요?

★ **표 만들기** 방법을 학습합니다.

★ **표 합치기/나누기** 방법을 학습합니다.

★ **표 배분 정렬** 방법을 학습합니다.

완성화면 미리보기

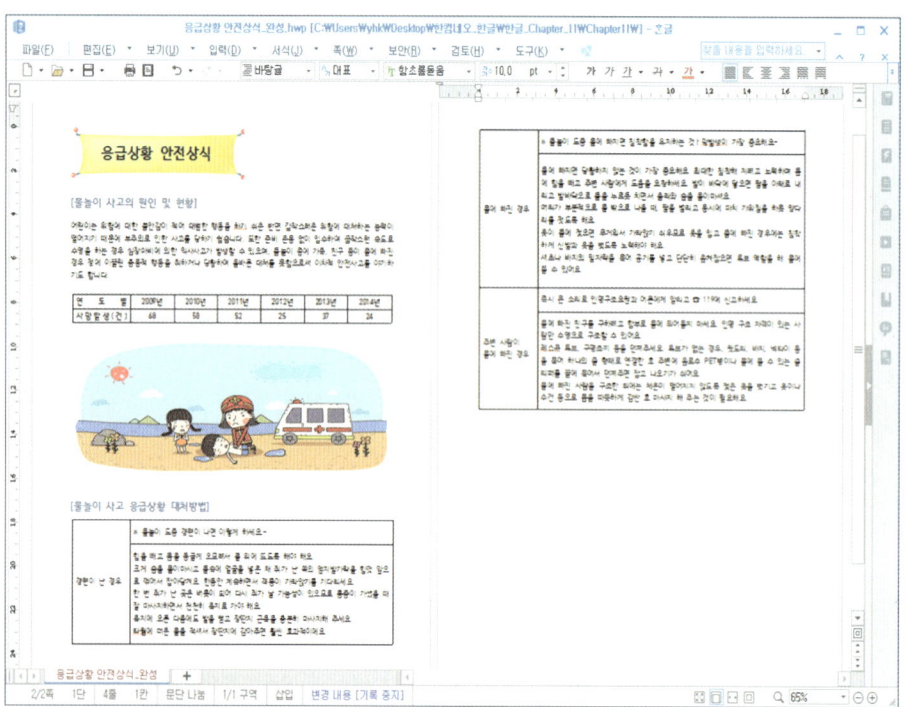

수업 길잡이

난이도 ★★★☆☆

예제파일 Chapter11₩응급상황 안전상식_시작.hwp

학습기능 표 만들기, 표 배분 정렬, 표 합치기/나누기

🔍 **이 학습과 예제를 통해** 표를 만드는 방법을 알 수 있어요. 또한 삽입된 하나의 표를 적당한 위치에서 2개 이상으로 나누거나 나누어진 표를 다시 하나로 편집할 수 있으며 표 안에 입력된 내용도 보기 좋게 편집할 수 있어요.

1 예제파일을 열고 표가 삽입될 위치인 그림 위에 커서를 놓고 [입력] 탭-[표](▦)를 클릭합니다. [표 만들기] 대화상자에서 [줄 수]에 '2', [칸 수]에 '7'을 입력한 후 [만들기]를 클릭합니다.

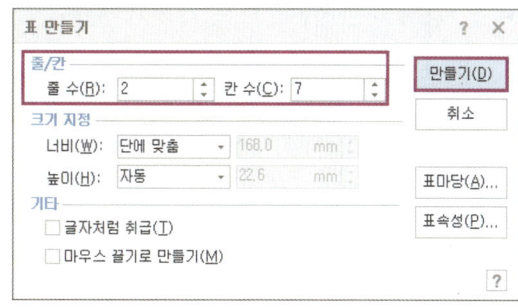

TiP

[표] 단축키 : Ctrl + N → T

2 삽입된 표에 다음과 같이 입력합니다.

연도별	2009년	2010년	2011년	2012년	2013년	2014년
사망발생(건)	68	58	52	25	37	24

3 첫 열 세로 경계선 위에 마우스 포인터를 놓아 ◆ㅏ 모양이 되면 클릭한 채로 오른쪽으로 드래그하여 첫 번째 칸의 너비를 늘립니다.

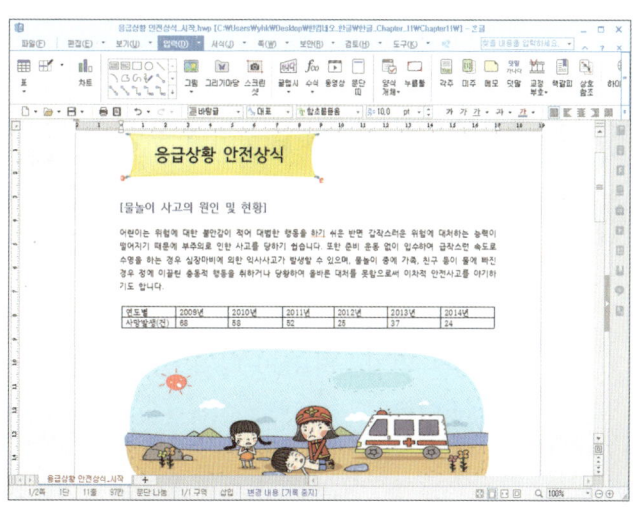

4 표 전체를 블록 설정한 후 Ctrl + ↓ 를 눌러 높이를 적당히 조정하고 다음과 같이 설정합니다.

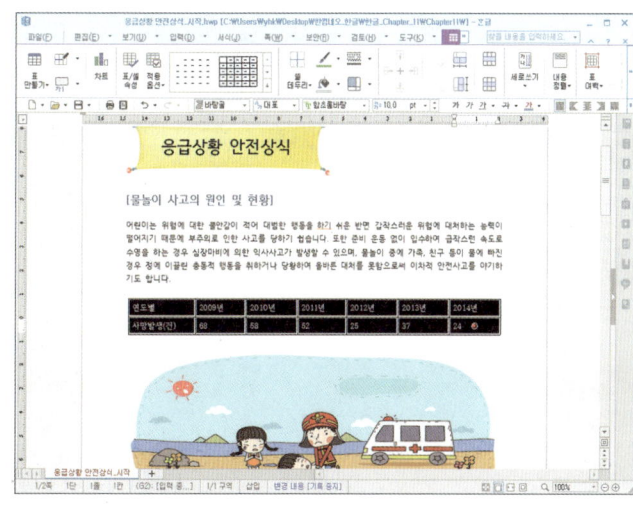

설정 값 ············
① 글꼴 : 함초롬돋움 ② 진하게 ③ 가운데 정렬

1 '연도별 ~ 사망건수(건)'를 블록 설정한 후 [서식] 탭-[문단 모양](📋)을 클릭합니다.

2 [문단 서식] 대화상자에서 [정렬 방식]-[배분 정렬](▦)을 선택한 후 [설정]을 클릭합니다.

3 '물놀이 사고 응급상황 대처방법' 표에서 '물에 빠진 경우'가 입력된 셀에 커서를 위치시키고 [표] 탭(🔲)-[표 나누기](▦)를 클릭합니다.

4 커서가 있는 위치부터 표가 나눠진 것을 확인할 수 있습니다.

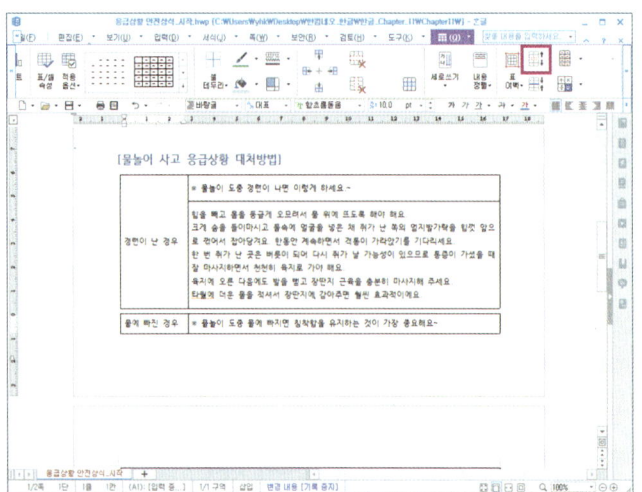

5 첫 번째 표 안으로 커서를 이동한 다음 [표] 탭(🔲)-[표 붙이기](▦)를 클릭합니다.

6 나눠진 표가 첫 번째 표 뒤에 붙여진 것을 확인할 수 있습니다.

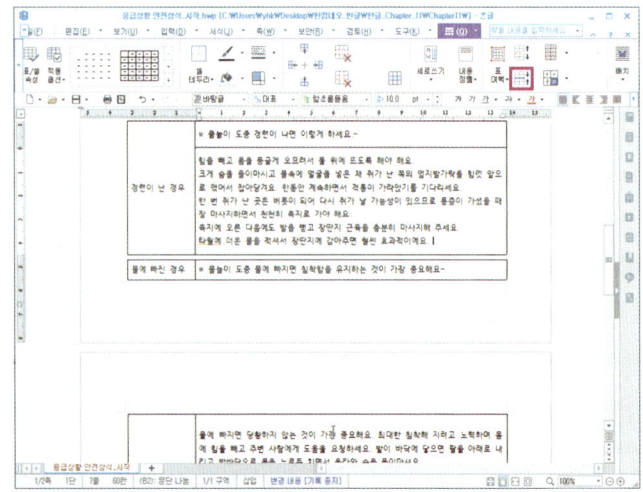

연습문제 풀어보기!

1 다음과 같이 표를 만들어 내용을 입력해 봅니다.

예제파일 Chapter11₩연습문제1_시작.hwp

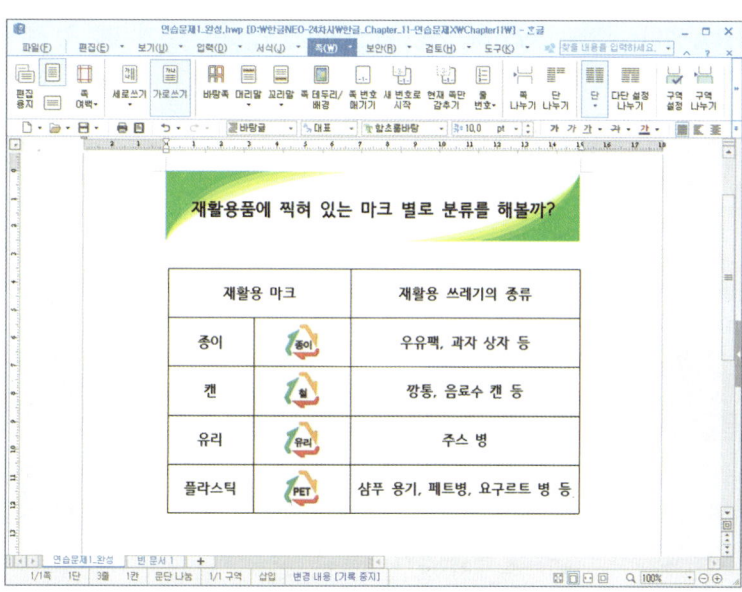

2 문서에 삽입된 표를 다음과 같이 표의 첫 열은 배분 정렬하고 표 나누기를 설정해 봅니다.

예제파일 Chapter11₩연습문제2_시작.hwp

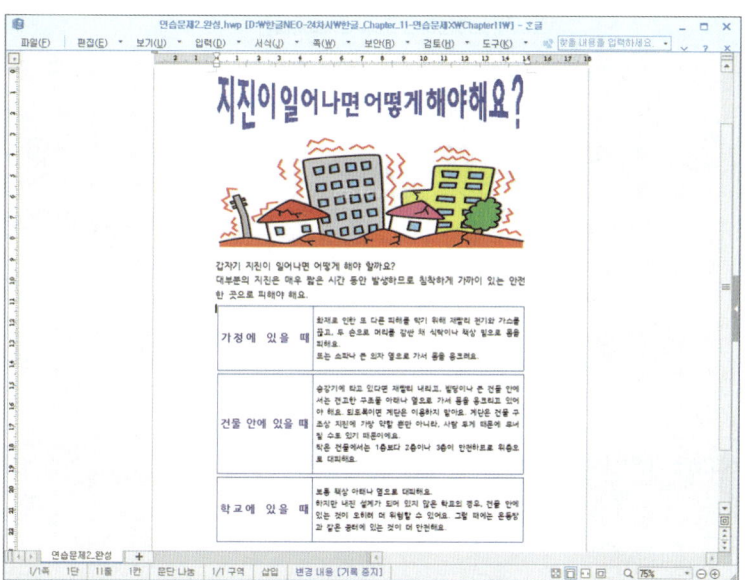

전기 안전상식을 알아볼까?

전기는 우리 생활에 없어선 안되는 에너지이지만 안전상식은 모르는 경우가 많아요. 전기 안전 상식 정보를 주는 문서는 많은 정보를 한눈에 알아보기 쉽도록 표로 만들었지만 서식이나 테두리 등이 설정되어 있지 않아 의미를 잃고 있어요. 표의 테두리 및 그림을 채워 더욱 시각적인 효과를 내 보기 좋은 문서로 만들 수 있어요. 표 서식, 테두리, 그림 채우기 방법들을 배워 보세요.

무엇을 배우나요?

★ 표 서식 설정 방법을 학습합니다.

★ 표 테두리 설정 방법을 학습합니다.

★ 표 그림 채우기 방법을 학습합니다.

완성화면 미리보기

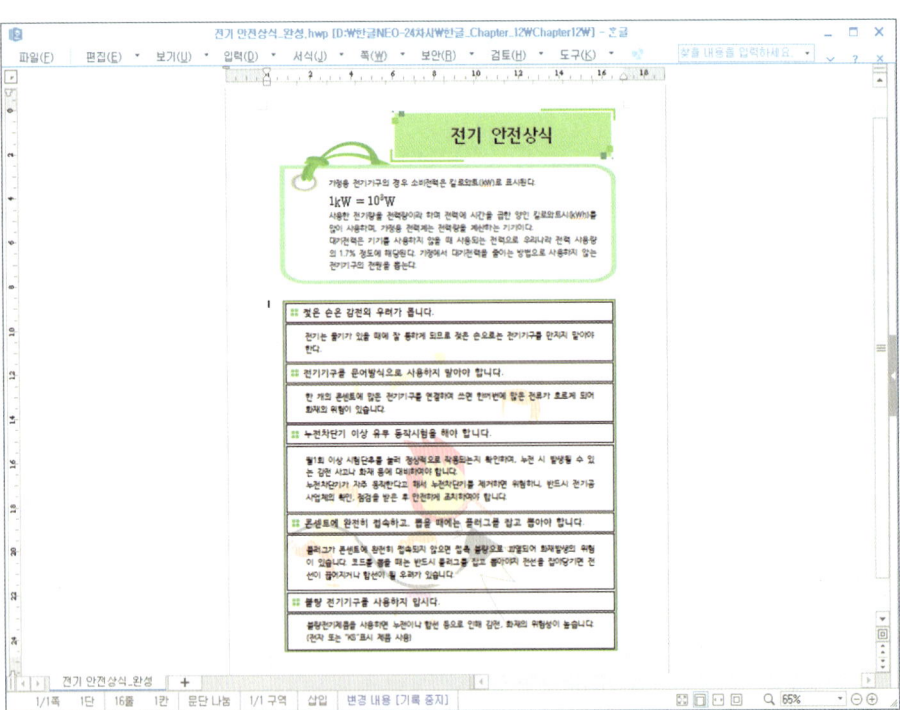

수업 길잡이

난이도 ★★★★☆

예제파일 Chapter12₩전기 안전상식_시작.hwp, 전기안전상식.jpg

학습기능 표 서식 설정, 표 테두리 설정, 표 그림 채우기

🔍 **이 학습과 예제를 통해** 표를 구성하고 있는 셀 테두리 및 그림 채우기를 통해 보기 좋은 표 작업을 할 수 있어요.

1 예제파일을 열고 표의 테두리를 클릭하여 표를 선택한 다음, [표] 탭(▦)-[표/셀 속성](▦)을 클릭합니다.

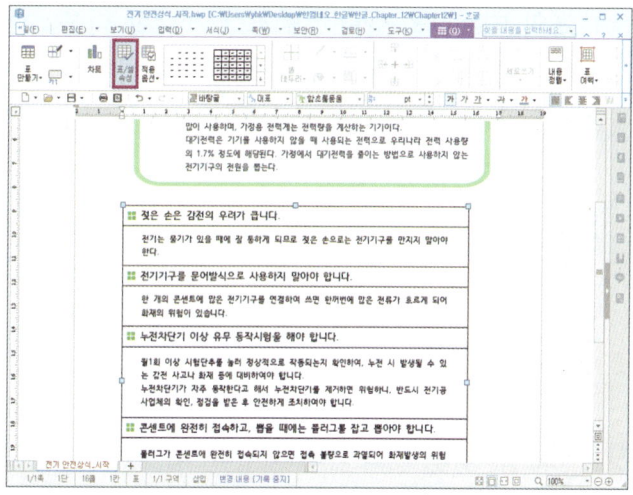

2 [표/셀 속성] 대화상자 [기본] 탭에서 [글자처럼 취급]을 선택 해제하고 [설정]을 클릭합니다.

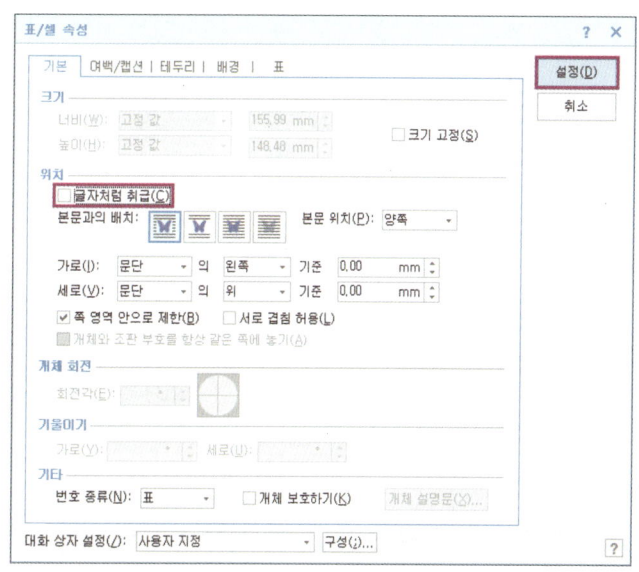

3 왼쪽으로 정렬되어 있는 표를 선택하여 중앙으로 드래그해 위치 조정을 합니다.

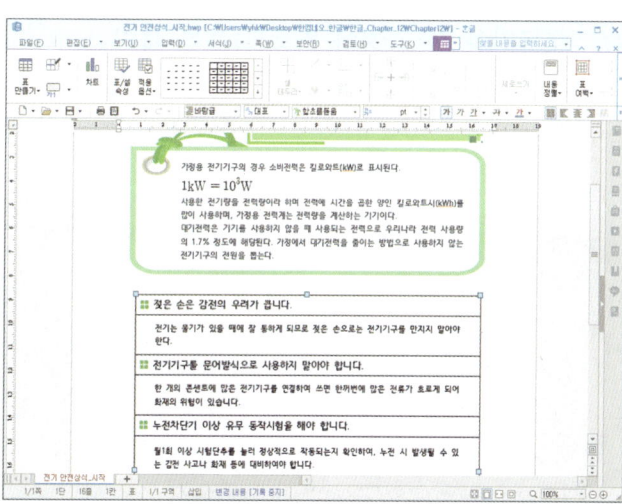

표 테두리 설정하기

1 표의 테두리를 클릭하여 표를 선택한 다음, [표] 탭(■)-[표/셀 속성](■)을 클릭합니다.

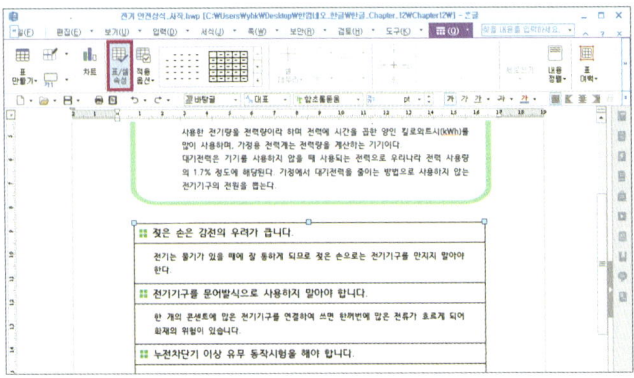

2 [표/셀 속성] 대화상자 [테두리] 탭에서 다음과 같이 설정합니다.

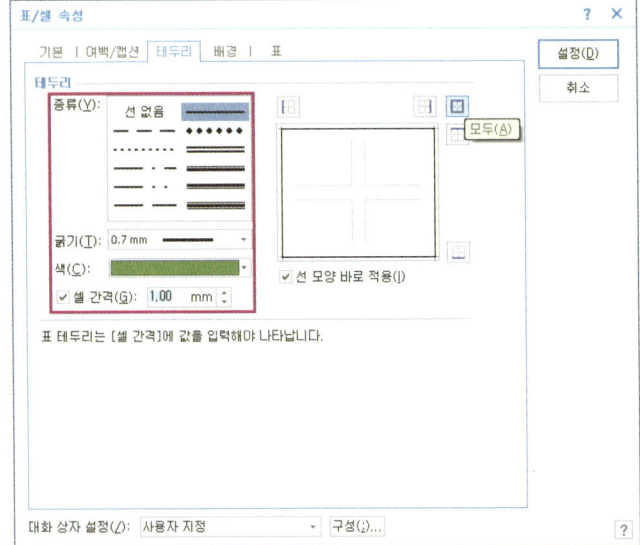

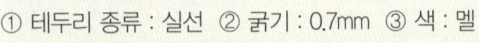

대화상자 설정 값

① 테두리 종류 : 실선 ② 굵기 : 0.7mm ③ 색 : 멜론색 ④ 셀 간격 : 1.00mm

3 설정 값을 지정한 후 [모두](■)를 선택한 후 [설정]을 클릭합니다.

4 테두리와 셀 간격이 적용된 표를 확인할 수 있습니다.

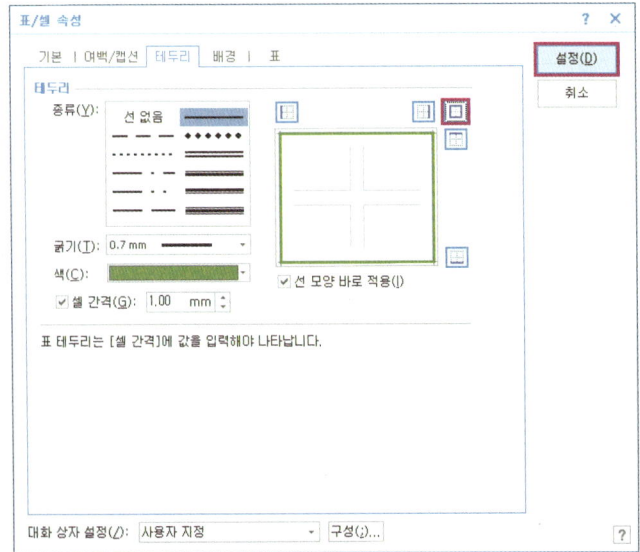

표 그림 채우기

1 표의 테두리를 클릭하여 표를 선택한 다음, [표] 탭(▦)─[표/셀 속성](▦)을 클릭합니다.

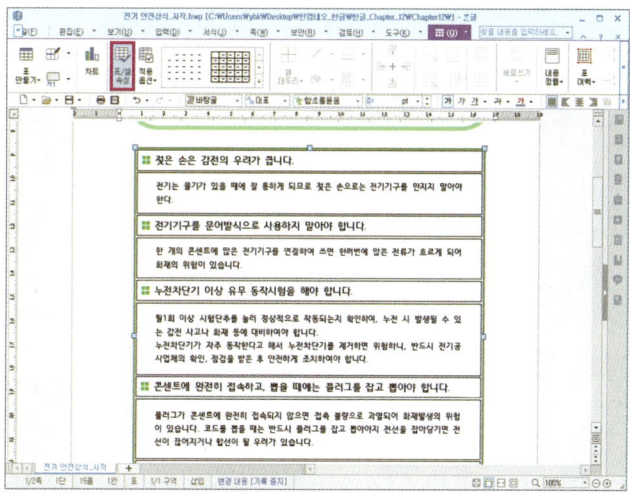

2 [표/셀 속성] 대화상자 [배경] 탭─[그림]을 선택합니다. [그림 선택](▣)을 클릭하여 표 배경으로 넣을 그림 파일 '전기안전상식.jpg'를 선택한 후 다음과 같이 설정하고 [설정]을 클릭합니다.

> **대화상자 설정 값** ....
> ① 채우기 유형 : 가운데로 ② 그림 효과 : 원래 그림에서 ③ 워터마크 효과 : 선택 ④ 밝기 : 70%
> ⑤ 대비 : -50%

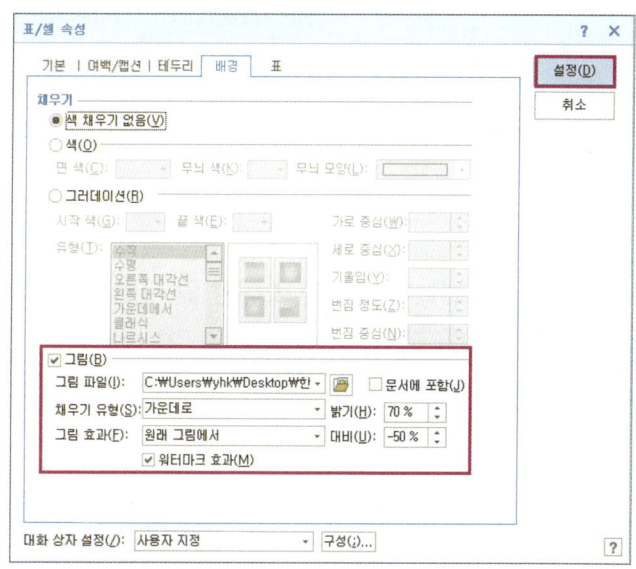

3 설정한 그림으로 표 배경이 채워진 것을 확인할 수 있습니다.

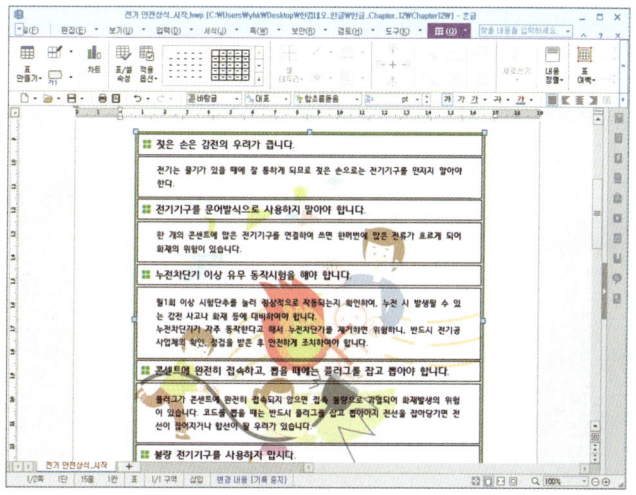

1 다음과 같이 표를 삽입하여 내용을 입력해 봅니다.

예제파일 Chapter12₩연습문제1_시작.hwp

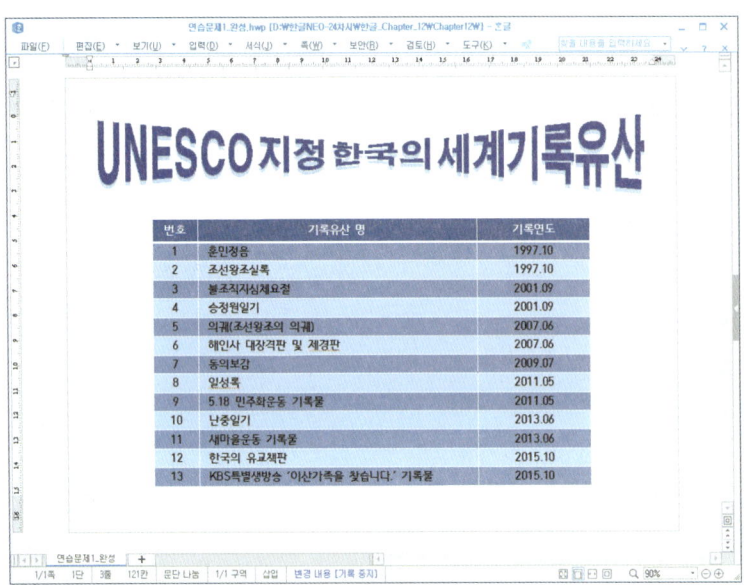

2 '물놀이 안전사고 예방 및 사고 대처법' 문서에 삽입된 표를 다음과 같이 변경해 봅니다.

예제파일 Chapter12₩연습문제2_시작.hwp

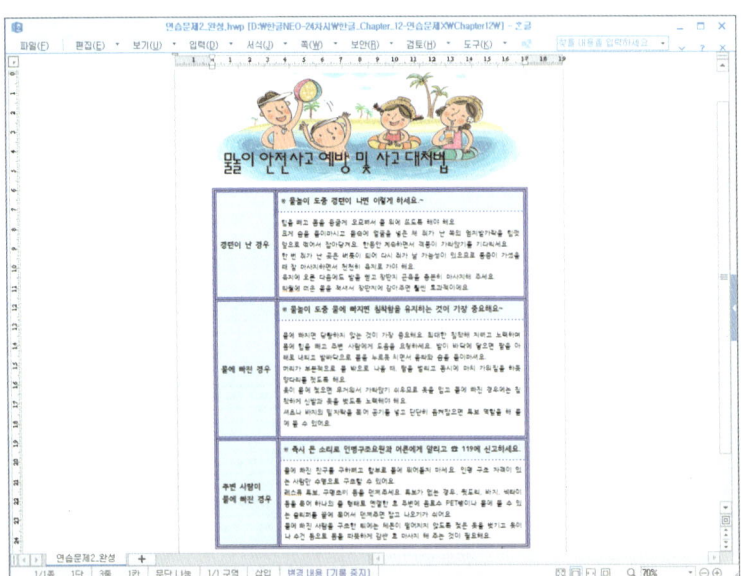

하루살이는 정말 딱 하루만 살까?

 하루살이는 정말 하루만 살까요? 하루살이 외의 다른 동물들의 수명은 얼마나 되는지 나타낸 표를 차트로 만들어 봅니다. 차트를 이용하면 숫자 자료를 시각적으로 표현할 수 있어요. 또한 삽입된 차트의 구성 요소들을 편집하는 방법에 대해 배워 봅니다.

무엇을 배우나요?

★ 숫자 자료를 차트로 만드는 방법을 학습합니다.

★ 차트 도구를 이용한 구성 요소 편집 방법을 학습합니다.

완성화면 미리보기

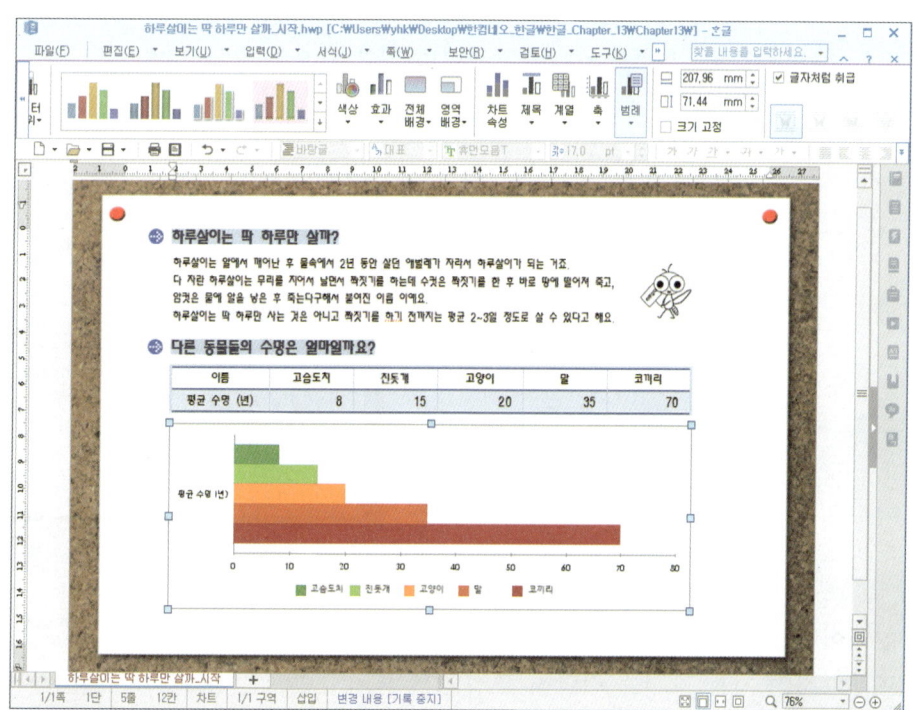

수업 길잡이

난이도 ★★★☆☆

예제파일 Chapter13₩하루살이는 딱 하루만 살까_시작.hwp

학습기능 차트 작성, 차트 편집

🔍 **이 학습과 예제를 통해** 표의 일부 또는 표 전체를 데이터에 따라 적절한 차트로 변경할 수 있어요. 작성하고 삽입된 차트의 서식을 설정하여 시각적으로 문서를 멋지게 꾸밀 수도 있어요. 숫자로 된 자료들을 시각화하여 보기 좋게 만들 수 있어요.

1 예제파일을 열고 '다른 동물들의 평균 수명' 표를 블록 설정한 후 [입력] 탭-[차트](📊)를 클릭합니다.

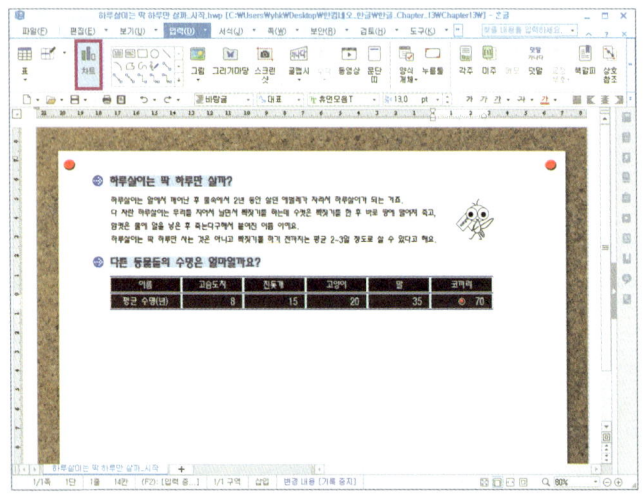

2 삽입된 차트를 선택 후 [차트] 탭(📊)-[글자 처럼 취급]을 선택합니다.

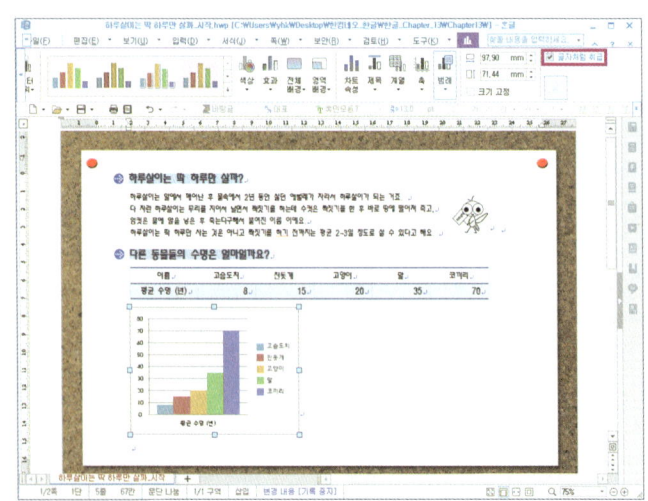

3 차트를 선택하여 테두리에 나타나는 크기 조절점을 드래그하여 차트 크기를 적당히 조정 합니다.

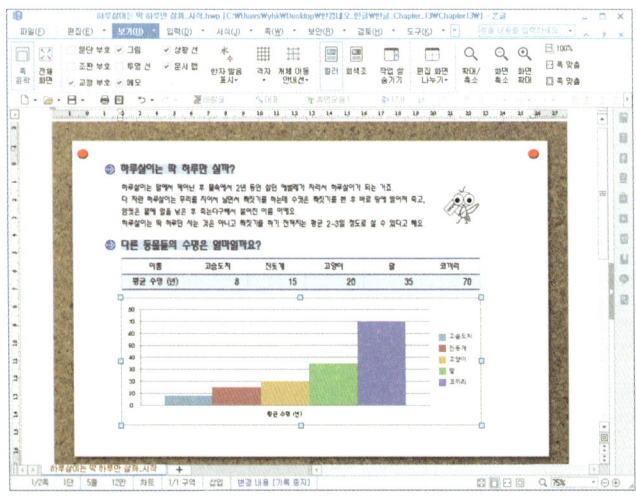

1 삽입된 차트를 선택 후 [차트] 탭(📊)-[가로 막대형](📊)을 클릭한 후 [기본형]-[묶은 가로 막대형]을 선택합니다.

2 기존 세로 막대형 차트에서 새로 선택한 가로 막대형 차트로 변경된 것을 확인할 수 있습니다.

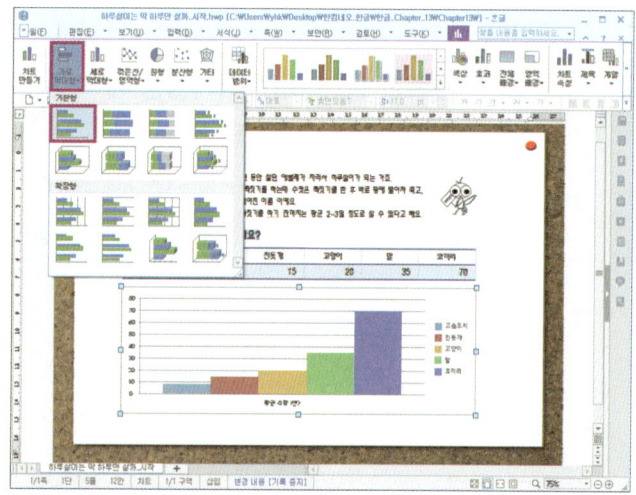

3 변경된 가로 막대형 차트를 선택 후 [차트] 탭(📊)-[차트 스타일] 테마의 [자세히](🔽)를 클릭한 후 [초록색/붉은색 혼합, 기본 모양]을 선택합니다.

4 변경된 차트 스타일을 확인할 수 있습니다.

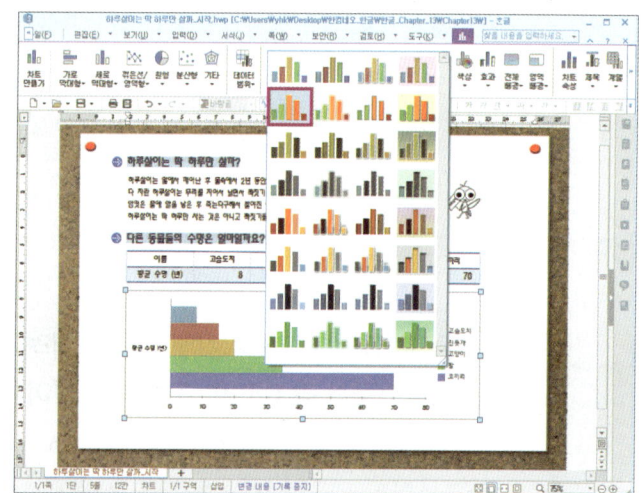

5 [차트] 탭(📊)-[범례](📊)를 클릭한 후 [아래쪽 표시]를 선택하여 범례 위치를 아래쪽으로 변경합니다.

6 차트 아래쪽으로 변경된 범례 위치를 확인할 수 있습니다.

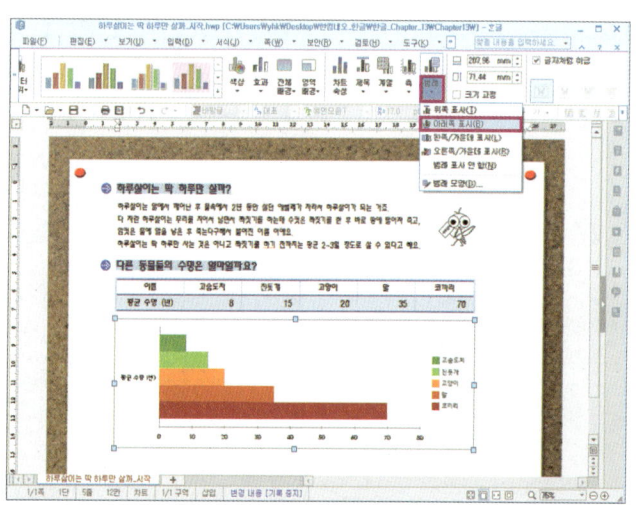

연습문제 풀어보기!

1 '가족과 함께 하는 여가활동'에 대한 표를 이용해 막대 차트를 작성하여 가족과의 여가생활을 한눈에 비교해 봅니다.

예제파일 Chapter13₩연습문제1_시작.hwp

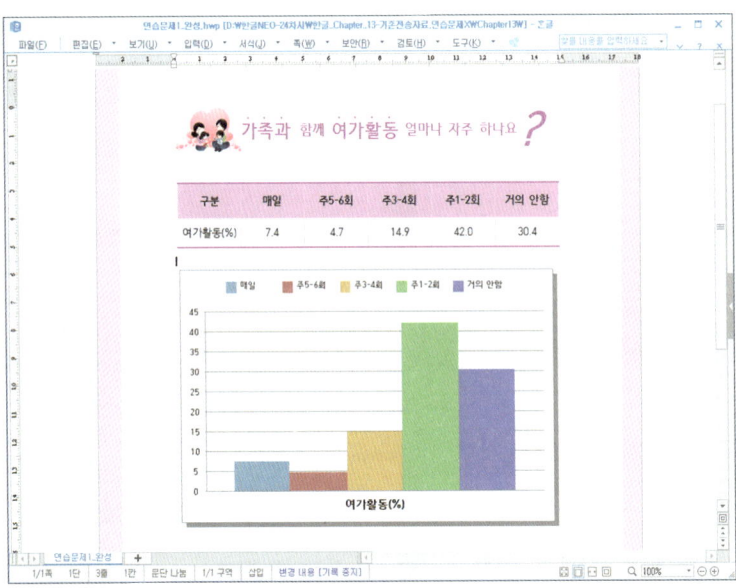

2 '우리나라는 비가 여름에만 많이 내려요'에 대한 표를 이용해 꺾은선형 차트를 작성하여 평균 강수량과 각 나라별 강수량의 차이를 살펴봅니다.

예제파일 Chapter13₩연습문제2_시작.hwp

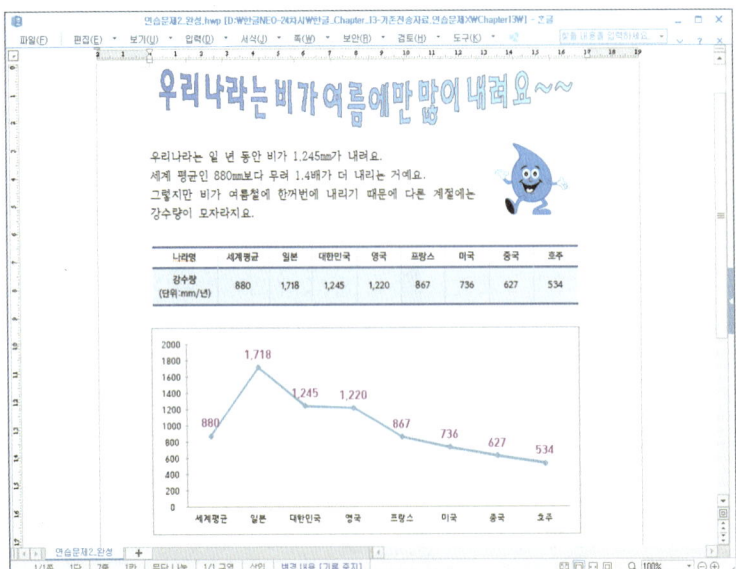

Chapter 14

은행은 누가 만들었을까?

우리의 용돈을 저축할 수 있는 은행은 누가 만들었을까요? 은행이 생기게 된 배경에 대해 담고 있는 문서를 수정할 수 없는 PDF 문서로 변환해 봅니다. 또한 PDF로 저장된 파일을 한글에서 불러와 편집 가능한 오피스 문서로 변환하여 문서를 더욱 빠르게 편집할 수도 있어요. PDF 자료를 오피스 문서로 작성하는 방법과 저작권을 표시하는 방법을 학습해 보세요.

무엇을 배우나요?

★ PDF 자료를 오피스 문서로 변환하는 방법을 학습합니다.

★ 저작권 표시 방법을 학습합니다.

완성화면 미리보기

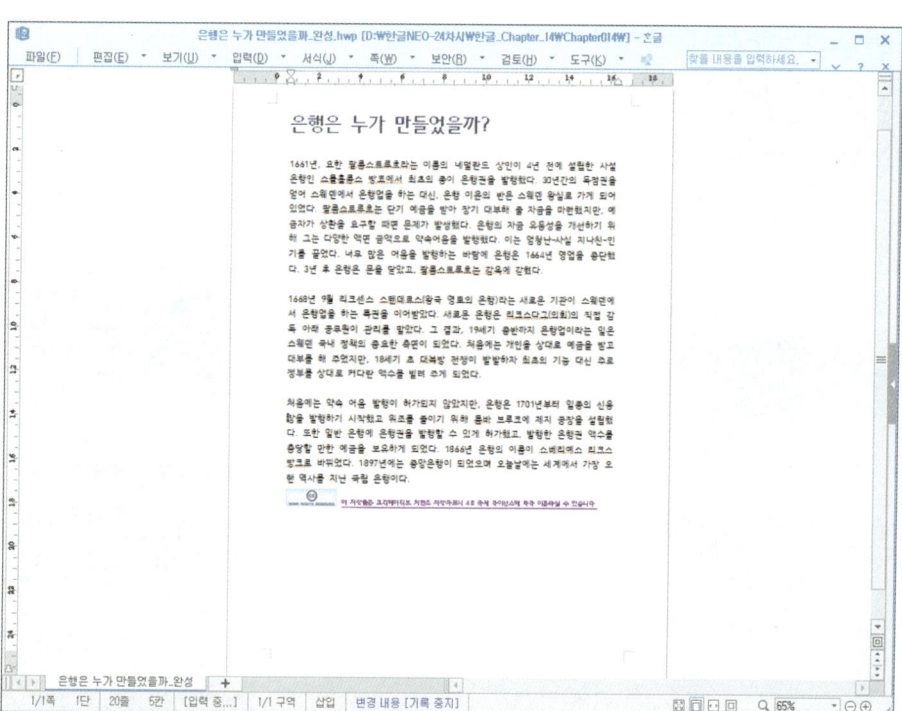

수업 길잡이

 난이도 ★★☆☆☆

예제파일 Chapter14₩은행은 누가 만들었을까.pdf

학습기능 PDF 자료 오피스 문서로 변환, 저작권 표시

🔍 **이 학습과 예제를 통해** PDF로 저장된 문서의 내용을 별도의 PDF 편집 프로그램 없이 오피스 문서로 변환할 수 있어요. 문서에서 필요한 부분을 수정, 편집하여 문서 작업을 좀 더 빠르게 할 수 있을 뿐 아니라, 저작권 표시로 문서 내에 저작권 관련 정보를 표시할 수 있어요.

1 [파일] 탭-[PDF를 오피스 문서로 변환하기]를 선택합니다.

2 [PDF를 오피스 문서로 변환하기] 대화상자에서 변환하고자 하는 PDF 파일인 '은행은 누가 만들었을까.pdf'를 선택한 다음 [열기]를 클릭합니다.

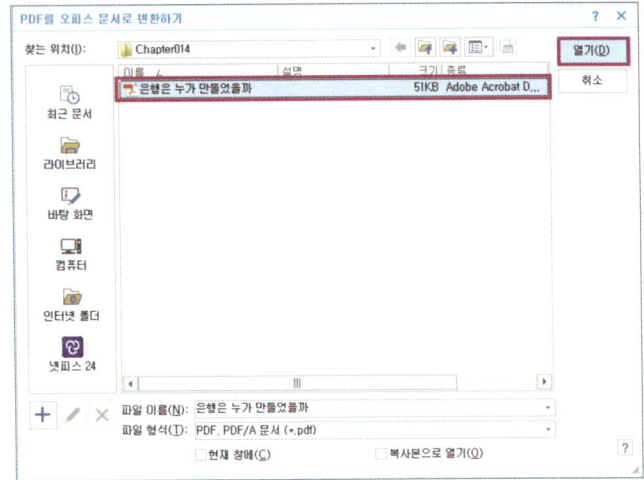

3 'PDF를 편집 가능한 문서로 변환한다'는 메시지를 확인한 후 [확인]을 클릭합니다.

4 파일 변환하는 진행 과정을 볼 수 있습니다.

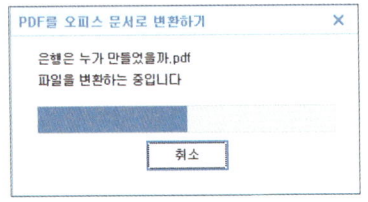

5 PDF 파일이 편집 가능한 한글 문서로 변환되어 열린 것을 확인할 수 있습니다.

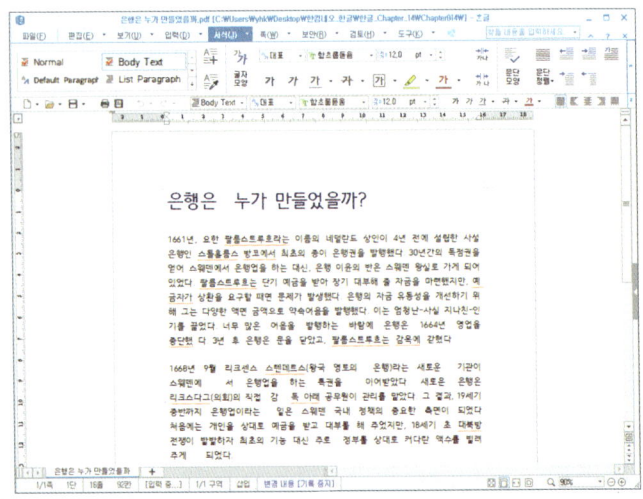

1 저작권을 표시하기 위해 [입력] 탭-[CCL 넣기]를 선택합니다.

2 [CCL(Creative Common License) 넣기] 대화상자에서 다음과 같이 [CCL 표시 방법]에서 [그림 표시 형태]-[공통 그림]으로 선택한 후 [넣기]를 클릭합니다.

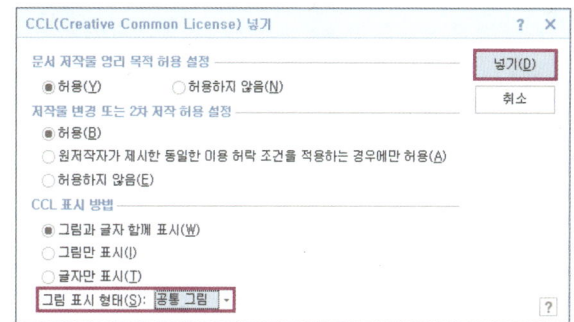

3 다음과 같이 CCL 마크와 문구가 삽입된 것을 확인할 수 있습니다. 저작권 관련 텍스트를 블록 설정한 후 [서식 도구 상자]에서 [글자 크기]를 '8pt'로 설정합니다.

4 CCL 저작권 텍스트를 클릭하면 저작권 해당 사이트로 이동합니다.

5 다음 사이트(https://creativecommons.org)로 이동한 것을 확인할 수 있습니다.

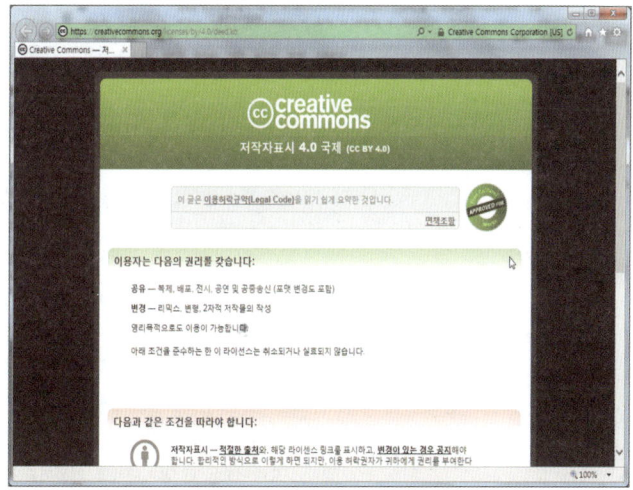

연습문제 풀어보기!

1 PDF로 저장된 파일을 오피스 문서로 변환하여 다음과 같이 편집해 봅니다.

예제파일 Chapter14₩양치질.pdf

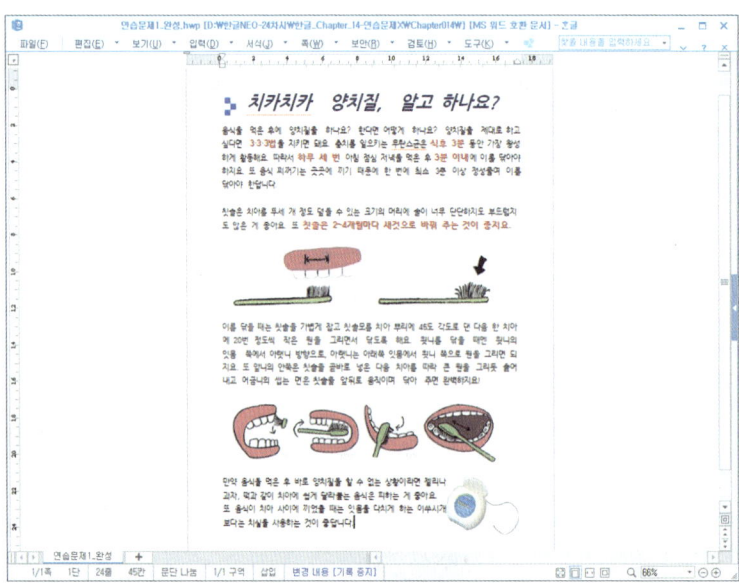

2 문서에 삽입된 그림 오른쪽 아래에 저작권 표시를 다음과 같이 설정해 봅니다.

예제파일 Chapter14₩연습문제2_시작.hwp

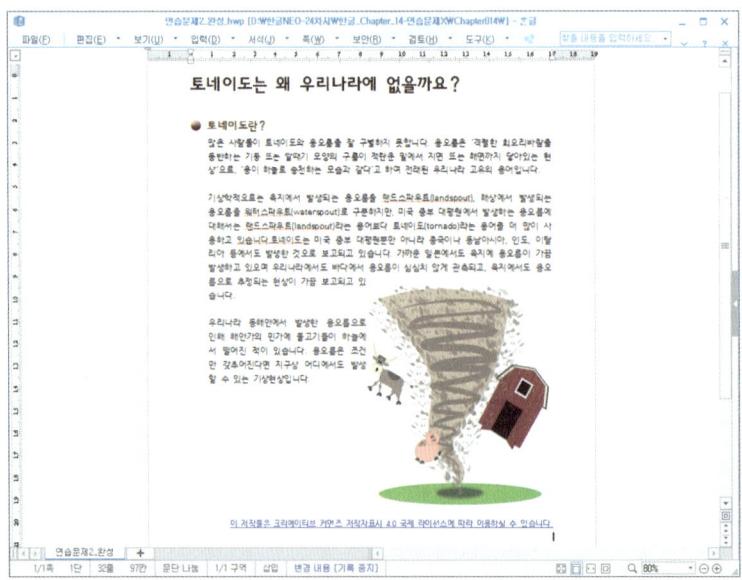

Chapter 15

재채기의 속도는 얼마일까?

에취! 하고 재채기가 나올 때가 있죠? 마음대로 조절할 수가 없을 때가 많아요. 이러한 재채기의 속도는 얼마나 될지 담고 있는 문서에서 작성하는 시점이나 저장할 때를 기준으로 날짜나 시간 정보를 삽입하여 이전 파일과 이후 파일과의 내용을 비교해 볼 수 있어요. 문서 비교 방법과 필요한 언어로 번역하는 방법을 연습해 보세요.

무엇을 배우나요?

★ 문서 번역 방법을 학습합니다.

★ 문서 비교 방법을 학습합니다.

완성화면 미리보기

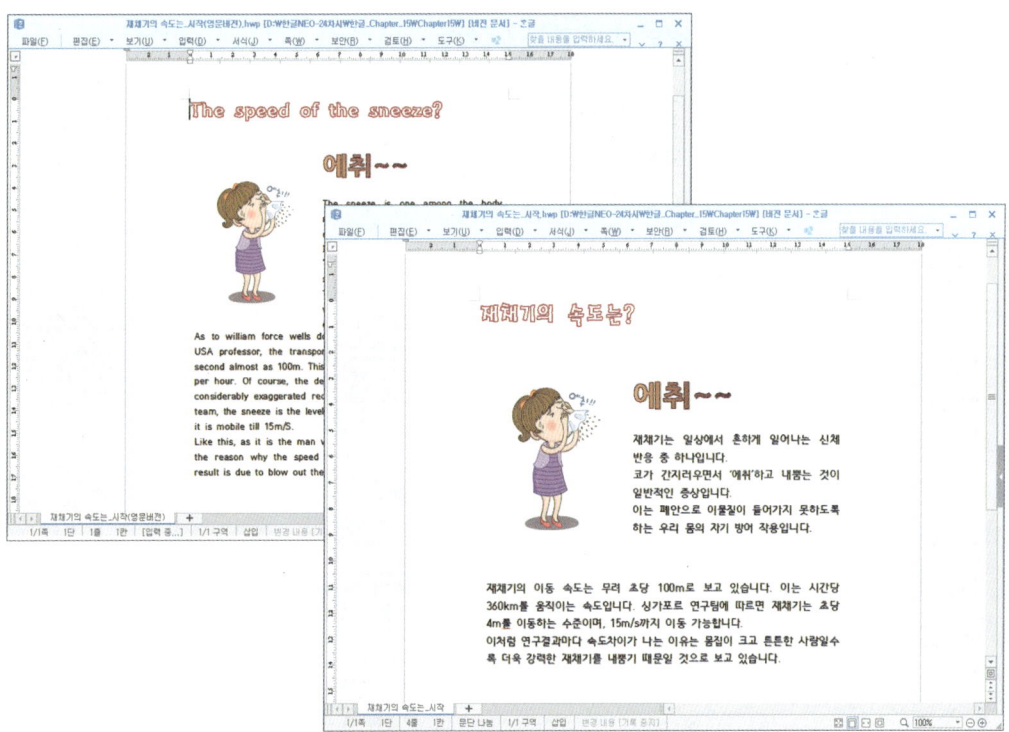

수업 길잡이

난이도 ★★★★☆

예제파일 Chapter15₩재채기의 속도는_시작.hwp

학습기능 문서 번역, 문서 비교

🔍 **이 학습과 예제를 통해** 사용자가 알지 못하는 언어로 작성된 문서를 누구나 읽고 쓸 수 있도록 여러 나라의 언어로 쉽게 번역할 수 있어요. 문서 수정 시 원본과 수정본을 비교하여 수정 부분을 쉽게 확인할 수 있어요.

문서 번역하기

1 예제파일을 열고 [검토] 탭–[번역](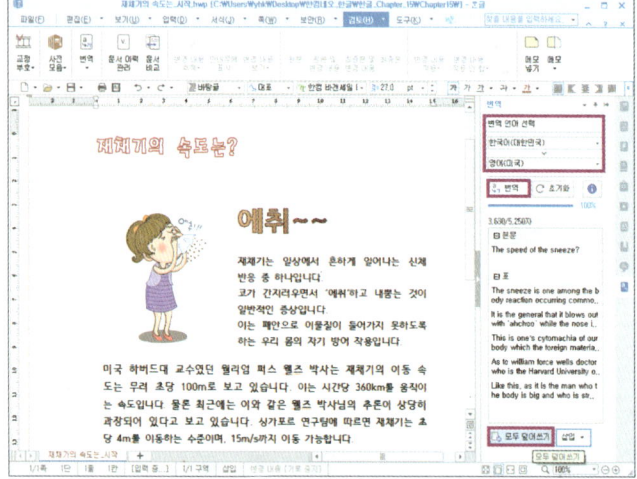)의 [문서 번역]을 선택합니다.

2 문서 오른쪽에 [번역] 작업 창이 나타나며 번역할 언어를 선택을 할 수 있습니다. 선택 후 [번역]을 클릭합니다. 번역된 내용을 삽입하기 위해서 작업 창 아래쪽에 [모두 덮어쓰기]를 클릭합니다.

3 문서 내용이 영문으로 변경되어 바뀐 것을 확인할 수 있습니다.

4 변경된 문서를 다른 이름으로 저장하기 위해 [파일] 탭–[다른 이름으로 저장하기]를 선택합니다.

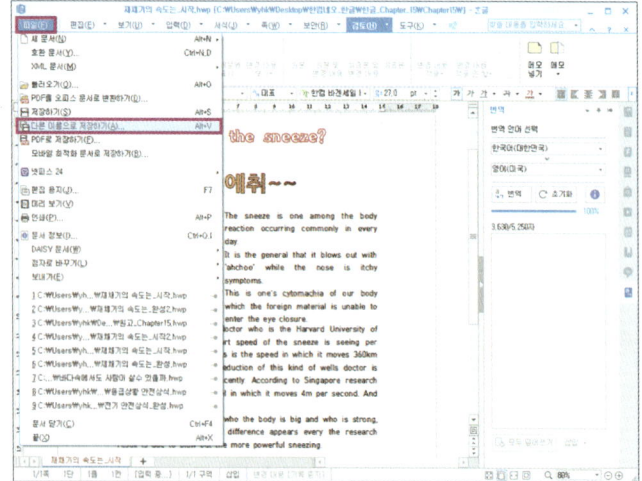

5 [파일 이름]을 '재채기의 속도는_시작(영문버전)'으로 입력한 후 [저장]을 클릭합니다.

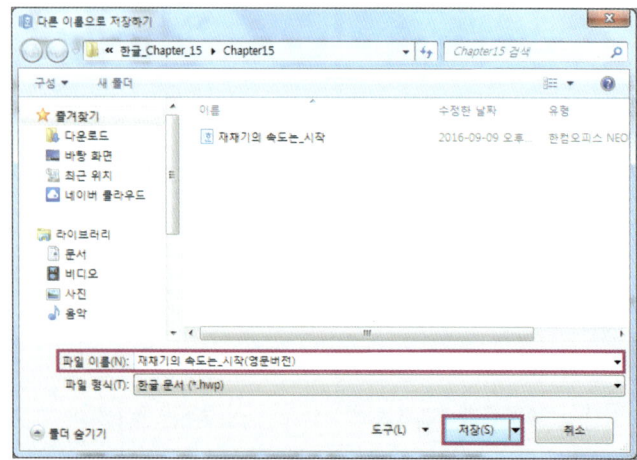

문서 비교하기

1 [검토] 탭-[문서 이력 관리](☑)를 클릭합니다.

2 [문서 이력 관리] 대화상자에서 [새 버전으로 저장](🖫)을 클릭합니다.

3 [새 버전으로 저장] 대화상자에서 [설명] 입력란에 관련된 설명을 입력하고 [확인]을 클릭합니다.

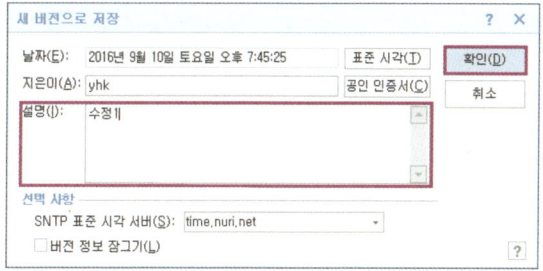

4 다음과 같이 새로운 버전 정보가 저장된 것을 확인 후 [닫기]를 클릭하고 문서를 다음과 같이 수정합니다.

> 미국 하버드대 교수였던 윌리엄 퍼스 웰즈 박사는 재채기의 이동 속도는 무려 초당 100m로 보고 있습니다. 이는 시간당 360km를 움직이는 속도입니다. 물론 최근에는 이와 같은 웰즈 박사님의 추론이 상당히 과장되어 있다고 보고 있습니다. 싱가포르 연구팀에 따르면 재채기는 초당 4m를 이동하는 수준이며, 15m/s까지 이동 가능합니다.
> 이처럼 연구결과마다 속도차이가 나는 이유는 몸집이 크고 튼튼한 사람일수록 더욱 강력한 재채기를 내뿜기 때문일 것으로 보고 있습니다.

5 [검토] 탭-[문서 이력 관리](☑)를 클릭하여 [문서 이력 관리] 대화상자에서 [버전 비교]를 클릭합니다.

6 현재 편집 화면의 내용과 버전 정보가 저장된
내용이 교정 부호로 표시됩니다.

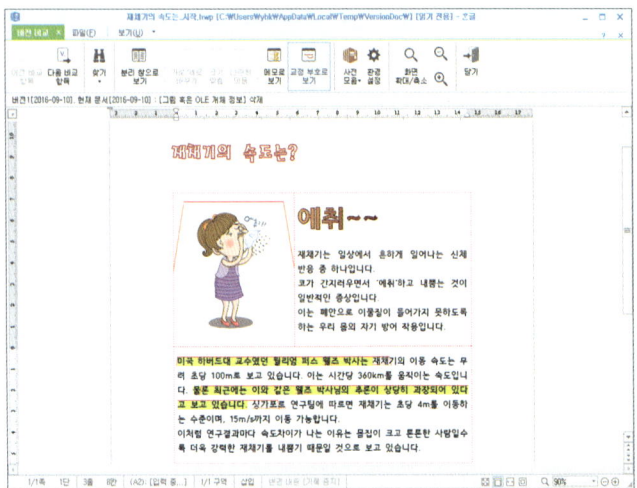

7 [버전 비교] 탭(버전 비교)-[분리 창으로 보기]
( )를 클릭하면 창을 나누어 동시에 확인할
수 있습니다. 수정된 곳으로 마우스 포인터를
이동해 보면 어떤 상태로 변경되었는지 풍선
도움말이 표시됩니다.

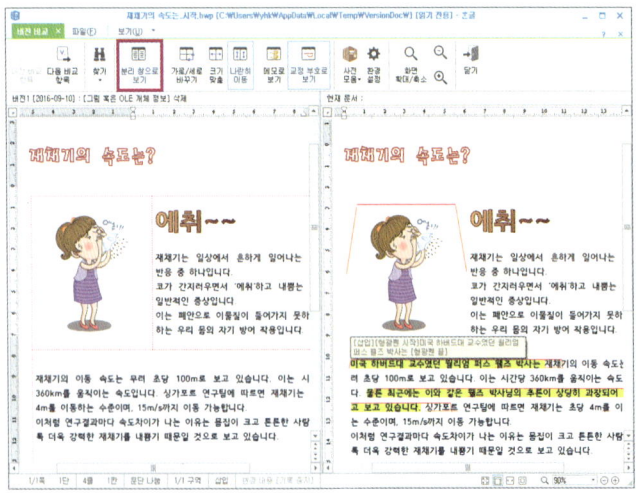

연습문제 풀어보기!

1 '눈에 좋은 음식 Vs 눈에 해로운 음식' 문서에서 번역 기능을 활용하여 다음과 같이 영문 문서로 편집해 봅니다.

예제파일 Chapter15₩연습문제1_시작.hwp

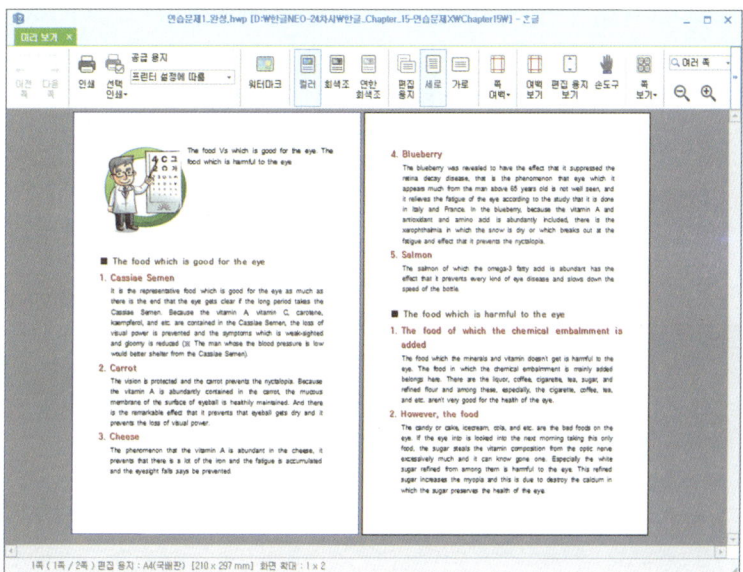

2 문서 이력 관리 기능을 이용하여 수정 전, 수정 후의 문서를 다음과 같이 비교해 봅니다.

예제파일 Chapter15₩연습문제2_시작.hwp

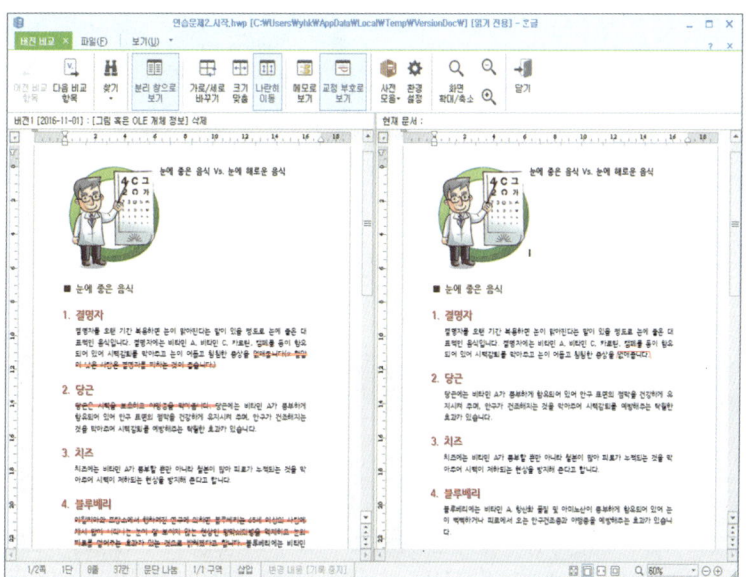

Chapter 16

무지개 색깔은 나라마다 다를까?

무지개는 정말 일곱 가지 색일까요? 우리는 무지개가 일곱 가지 색으로 되어 있다고 믿지만, 사실은 나라마다 색이 다르다고 해요. 이러한 흥미로운 내용을 담은 문서에 준비된 그림이나 사진을 원하는 위치에 삽입하고 필요한 효과를 주어 더욱 시각적인 문서로 작업할 수 있어요. 한글에서 제공하는 그림이나 클립아트를 문서에 삽입하여 활용하는 방법을 연습해 보세요.

무엇을 배우나요?

★ **그림 넣기 및 서식 활용 방법**을 학습합니다.

★ **그리기마당 활용 방법**을 학습합니다.

완성화면 미리보기

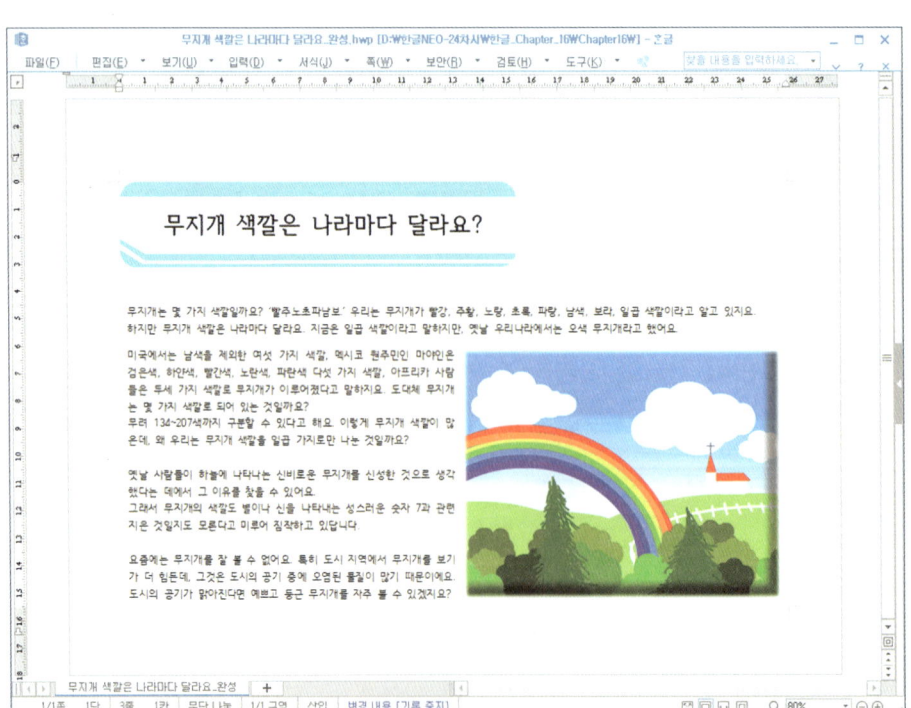

수업 길잡이

[난이도] ★★★☆☆

[예제파일] Chapter16₩무지개 색깔은 나라마다 달라요_시작.hwp, 무지개.png

[학습기능] 그림 넣기, 서식 설정, 그리기마당 활용

🔍 **이 학습과 예제를 통해** 문서에 삽입한 그림에 여러 가지 효과를 주는 방법을 알 수 있어요. 그림을 더욱 다양하게 표현할 수 있으며 그리기마당에서 제공하는 그리기 조각이나 클립아트를 삽입하고 편집해 문서를 쉽고 빠르게 만들 수 있어요.

1 예제파일을 열고 그림을 삽입해야 할 오른쪽 아래쪽 칸에 커서를 위치시키고 [입력] 탭-[그림](📷)을 클릭합니다.

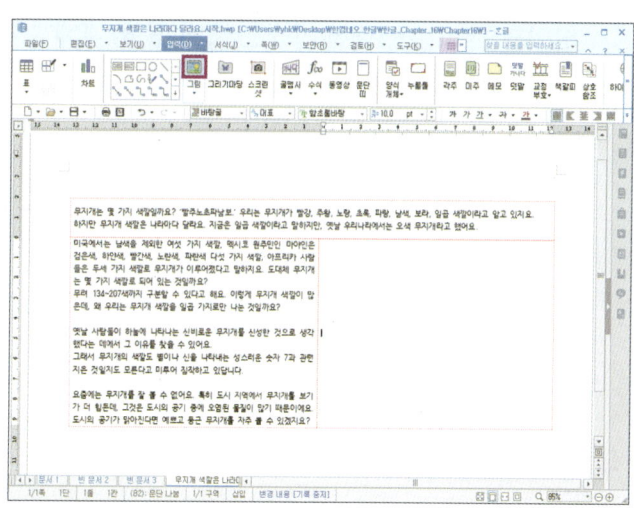

TIP

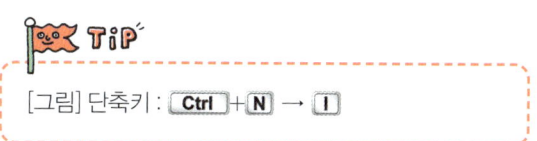

[그림] 단축키 : **Ctrl** + **N** → **I**

2 [그림 넣기] 대화상자에서 '무지개.png'를 선택한 후 [넣기]를 클릭합니다.

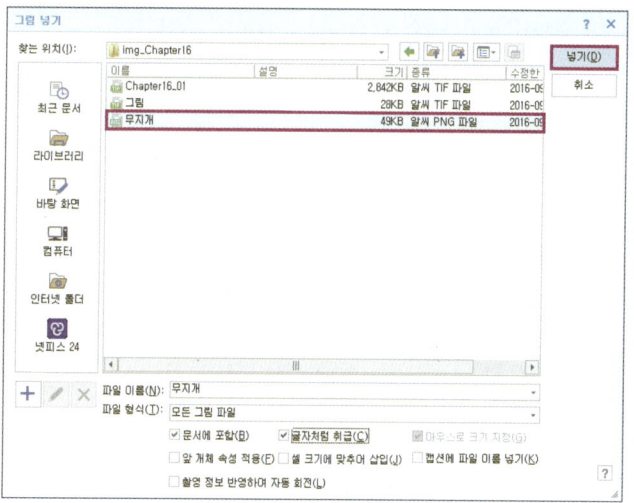

3 무지개 그림이 삽입된 것을 확인할 수 있습니다.

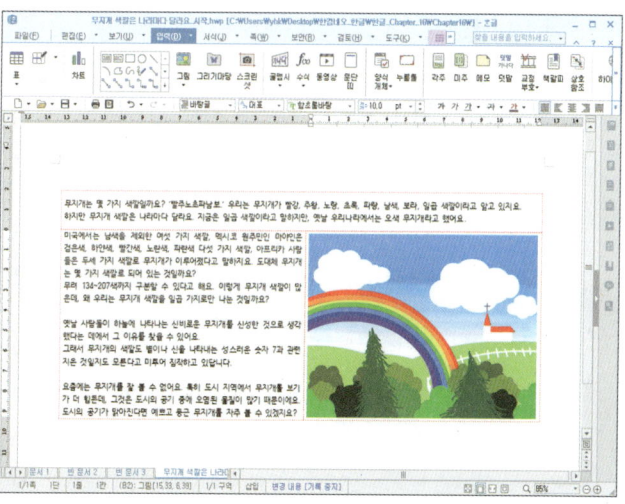

4 삽입된 그림을 선택한 후 [그림] 탭( )–[개체 속성]( )를 클릭합니다.

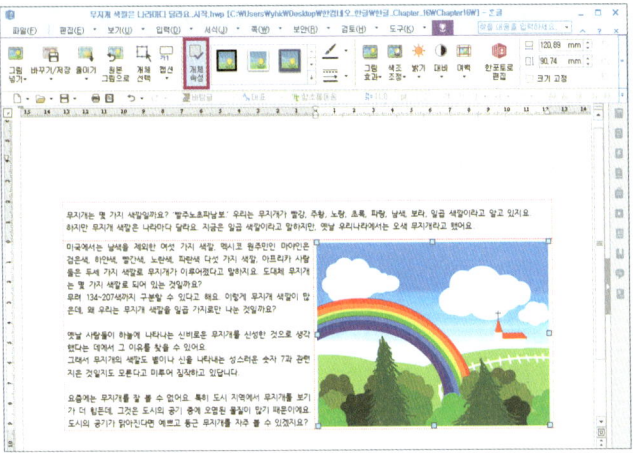

5 [개체 속성] 대화상자 [그림자] 탭–[대각선 오른쪽 아래], [거리] '20pt', [옅은 테두리] 탭–[5pt]를 선택한 후 [설정]을 클릭합니다.

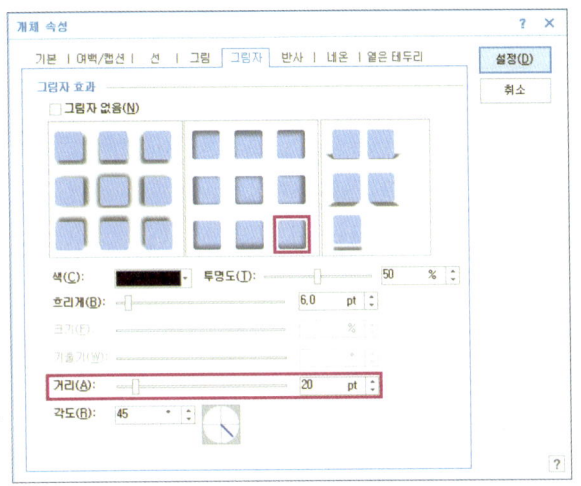 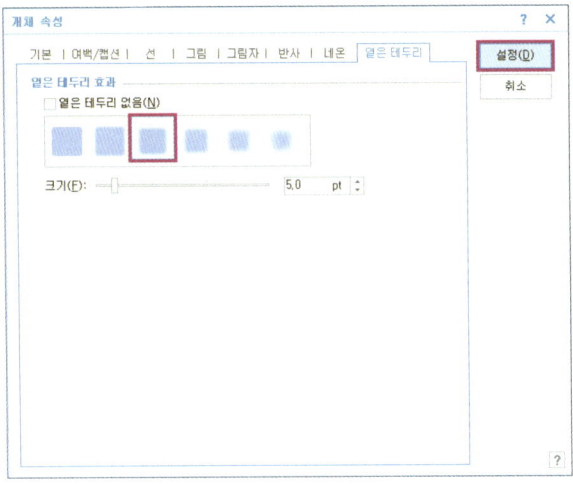

6 그림 속성이 변경된 것을 확인할 수 있습니다.

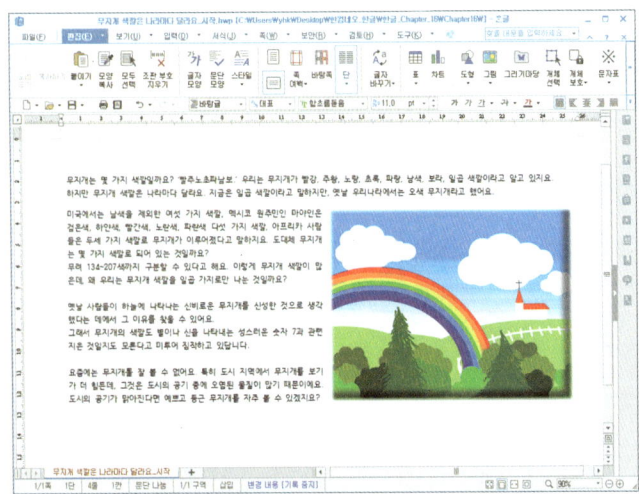

그리기마당 활용하기

1 [입력] 탭-[그리기마당](▦)을 클릭합니다.

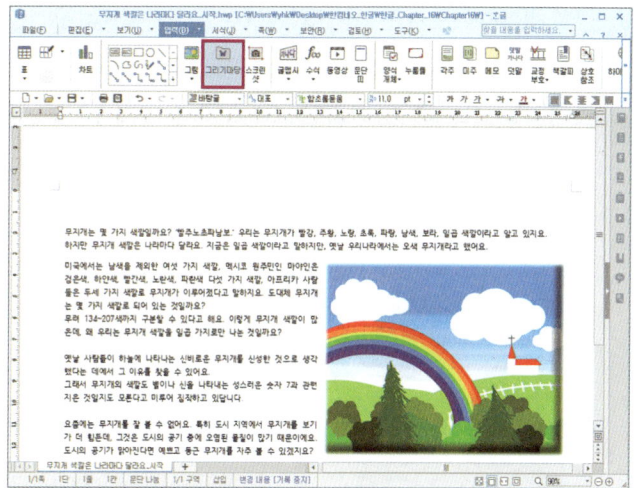

2 [그리기마당] 대화상자에서 [그리기 조각] 탭-[선택할 꾸러미]-[프레젠테이션(양식)], [개체 목록]-[제목상자4(S)]를 선택 후 [넣기]를 클릭합니다.

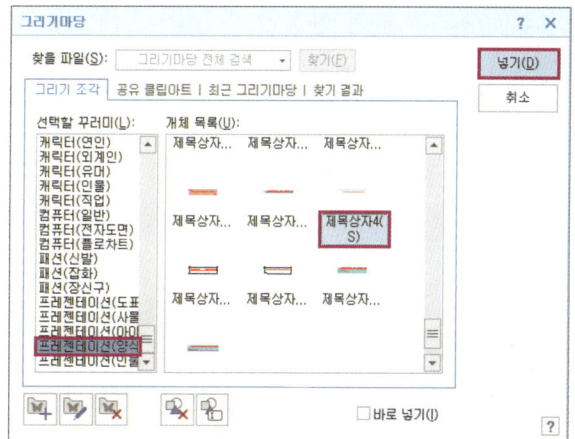

3 그리기마당이 삽입될 문서 위쪽에서 적당한 크기로 드래그합니다.

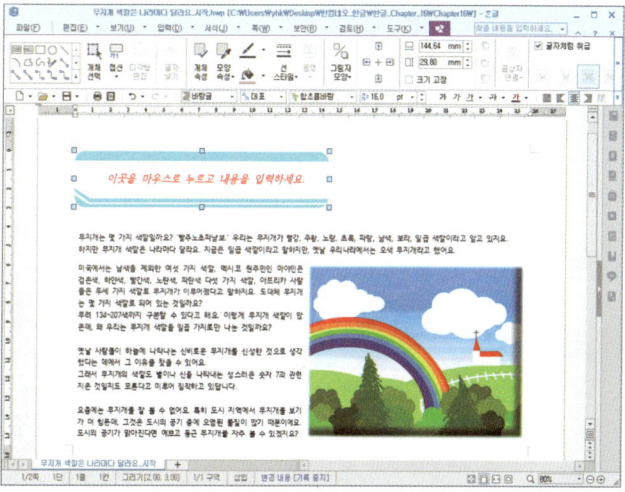

4 드래그한 크기로 삽입된 제목상자에서 '이곳을 마우스로 누르고 내용을 입력하세요'라고 적혀진 부분을 클릭한 후 '무지개 색깔은 나라마다 달라요?'라고 입력합니다.

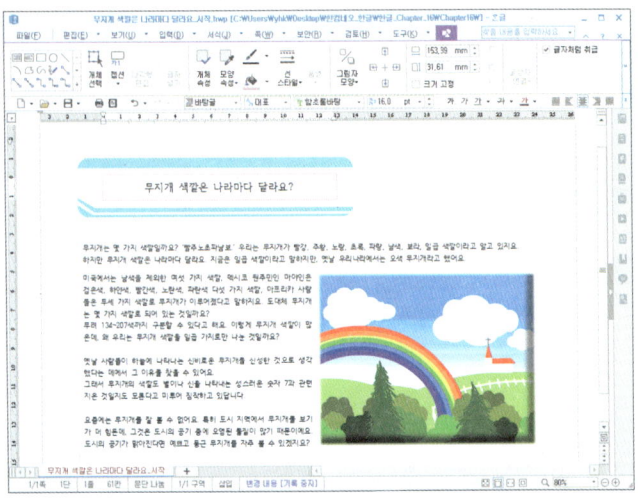

5 입력한 제목을 블록 설정한 후 [서식 도구 상자]에서 [글자 크기]를 '24pt'로 변경합니다.

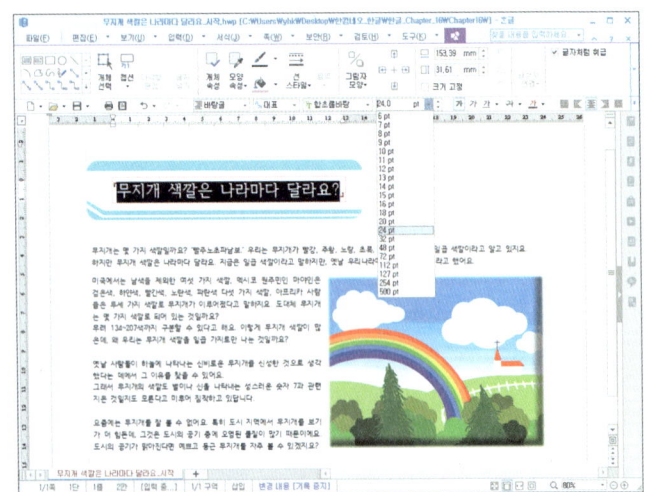

6 그리기마당에서 삽입한 제목에 설정한 값으로 제목이 꾸며진 것을 확인할 수 있습니다.

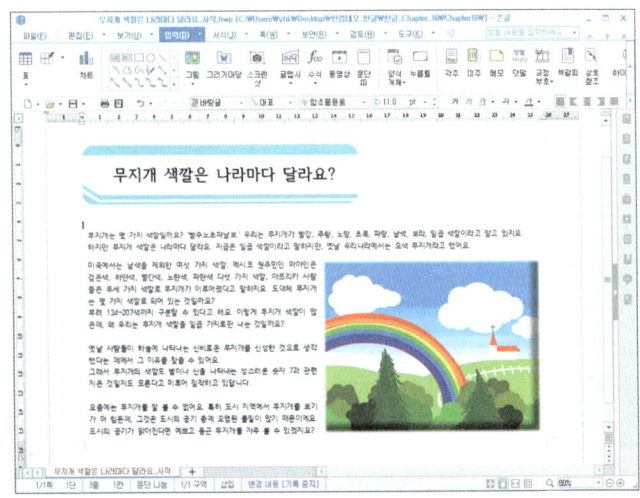

1 문서에 코모도왕도마뱀, 목도리도마뱀, 카멜레온 각각의 그림을 삽입한 후 그림 효과를 설정해 봅니다.

예제파일 Chapter16₩연습문제1_시작.hwp, 코모도왕도마뱀.jpg, 목도리도마뱀.jpg, 카멜레온.jpg

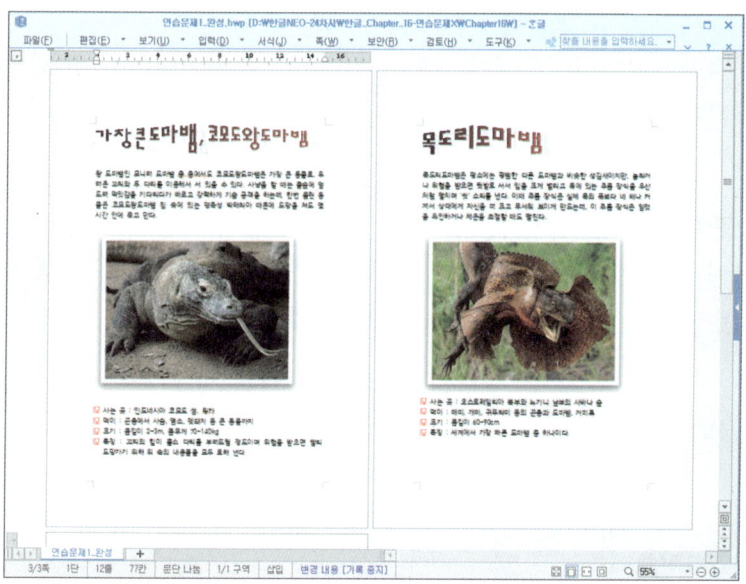

2 그리기마당을 이용해 문서 제목과 피노키오 이미지를 다음과 같이 삽입해 봅니다.

예제파일 Chapter16₩연습문제2_시작.hwp

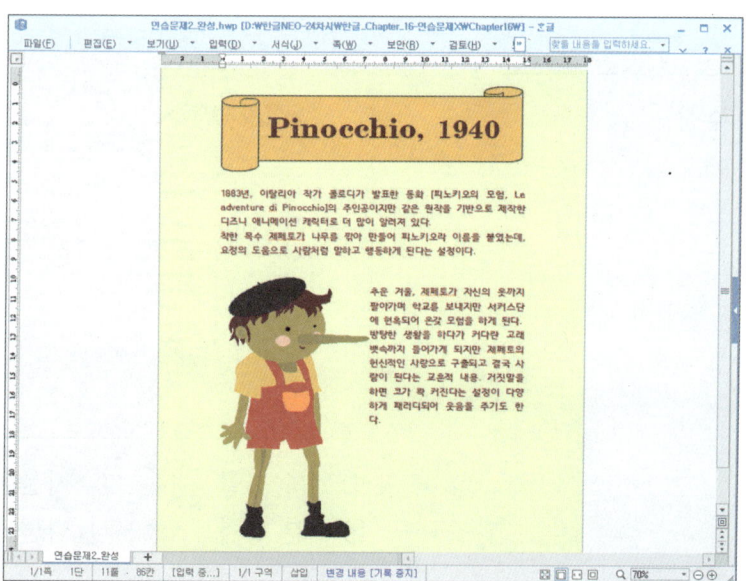

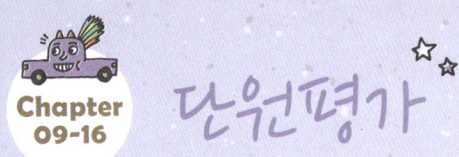
1 글자 모양이나 문단 모양, 스타일 등을 다른 곳으로 간편하게 복사하는 기능으로 특정한 모양을 반복적으로 자주 지정해야 하는 경우에 매우 편하게 쓸 수 있는 기능은?

① 스타일
② 바탕쪽
③ 모양 복사
④ 문자표

2 다음 그림과 같이 '글자 모양 주요 단축키'와 같이 글자를 구부리거나 글자에 외곽선, 면 채우기, 그림자, 회전 등의 효과를 주어 문자를 꾸미는 기능은?

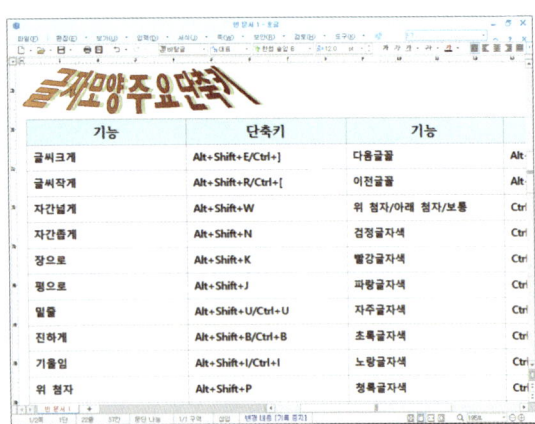

① 글맵시
② 수식
③ 문단띠
④ 메모

3 표를 작성하는 단축키는?

① Ctrl + N → T
② Ctrl + N → I
③ Ctrl + N → P
④ Alt + N → T

4 표의 셀을 범위 지정하는 방법으로 올바르지 않은 것은?

① F5 한 번 클릭 후 방향키
② F5 두 번 클릭 후 방향키
③ 첫 번째 셀 클릭후 Shift 누르고 마지막 셀 클릭
④ 필요한 영역 드래그

5 표의 전체 크기를 조절할 때 사용하는 표 작업 단축키는?

① Shift +방향키
② 방향키
③ Alt +방향키
④ Ctrl +방향키

6 다음 그림과 같이 표 안의 자료를 Space Bar 로 사이 간격을 조절하지 않고 균등하게 글자 간격을 조정하는 문단 모양 정렬 기능은?

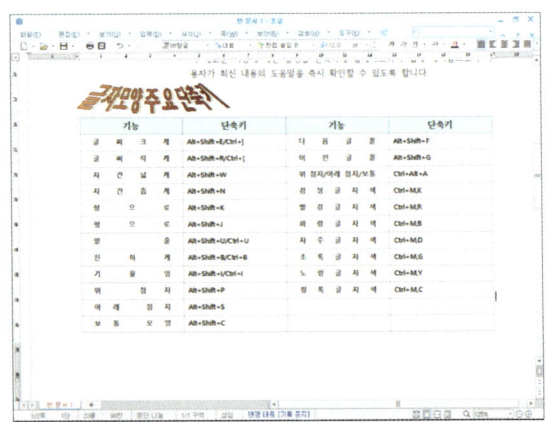

① 왼쪽 정렬
② 가운데 정렬
③ 배분 정렬
④ 나눔 정렬

정답 1③ 2① 3① 4① 5④ 6③

7 한글에서 제공하는 기능이 아닌 것은?

① 수식 편집기
② 표 작성 및 편집
③ 동영상 넣기
④ 화면 전환

8 차트에 대한 설명으로 올바르지 않은 것은?

① 표에 작성된 데이터로 차트 작성 시 차트와 연결되어 표 내용이 변경되면 차트가 자동 변경된다.
② 작성된 차트의 서식은 차트 스타일에서 쉽게 변경 가능하다.
③ 범례 위치는 한번 지정되면 변경할 수 없다.
④ 가로막대형 차트를 꺾은선 차트로 변경할 수 있다.

9 한글에 불러오기해 편집 가능한 화면으로 변경할 수 없는 자료는?

① pdf
② doc
③ ppt
④ txt

10 디지털 시대에 저작권을 침해하지 않으면서도 창작물을 자유롭게 공유할 수 있는 저작권 국제 규약 표시는?

① ACL
② BCL
③ CCL
④ DCL

11 이전 버전과 현재 편집 문서 간의 파일 내용을 비교하거나 버전을 2개 선택하여 이전 버전과 이후 버전의 파일 내용을 비교할 수 있는 기능은?

① 번역
② 교정 부호
③ 메모
④ 문서 이력 관리

12 한글 그리기마당에서 제공되는 그림의 형식은?

① jpg
② wav
③ mp3
④ mpg

13 한글에서의 그림 편집 방법에 대한 설명 중 올바른 것은?

① 그림의 크기는 한번 조정하면 변경할 수 없다.
② 표 안 셀 크기에 맞춰 그림이 들어가려면 [글자처럼 취급]에 선택되어 있어야 한다.
③ 그림의 테두리 두께와 옅은 테두리 크기는 변경할 수 없다.
④ 그림 넣기 단축키는 Ctrl + N → G 이다.

14 그림을 선택했을 때 나타나는 [그림] 탭(📷)에서 제공하는 단축키가 아닌 것은?

① 그림 바꾸기
② 그림 원본 그림으로
③ 그림 용량 줄이기
④ 그림 자유형으로 자르기

정답 **7** ④ **8** ③ **9** ③ **10** ③ **11** ④ **12** ① **13** ② **14** ④

Chapter 17

바닷속에서도
사람이 살 수 있을까?

우리 사람들도 바닷속에서 살 수 있을까요? 상상 속 해저도시와 같은 곳은 불가능한 것일까요? 이러한 호기심을 자극하는 문서에 적절한 그림이나 사진을 삽입한 후 간편 보정을 통해 사진을 선명하고 고급스럽게 편집할 수 있어요. 그림이나 사진의 특정 부분을 투명하게 처리하는 방법을 연습해 보고 모바일 문서로 저장해 봅니다.

무엇을 배우나요?

★ 한포토 그림 보정 방법을 학습합니다.

★ 한포토 배경 제거 방법을 학습합니다.

★ 모바일 문서로 저장 방법을 학습합니다.

완성화면 미리보기

수업 길잡이

난이도 ★★★★☆

예제파일 Chapter17₩바닷속에서도 사람이 살 수 있을까_시작.hwp, 다이버.png

학습기능 한포토 그림 보정, 한포토 배경 제거, 모바일 문서로 저장

🔍 **이 학습과 예제를 통해** 문서에 삽입한 그림을 보정하며 편집할 수 있어요. 밝기를 조절하거나 배경 제거를 할 수 있어요.

한포토로 그림 보정하기

1 예제파일을 열고 삽입된 첫 번째 그림을 선택한 후 [그림] 탭( )–[한포토로 편집]( )을 클릭합니다.

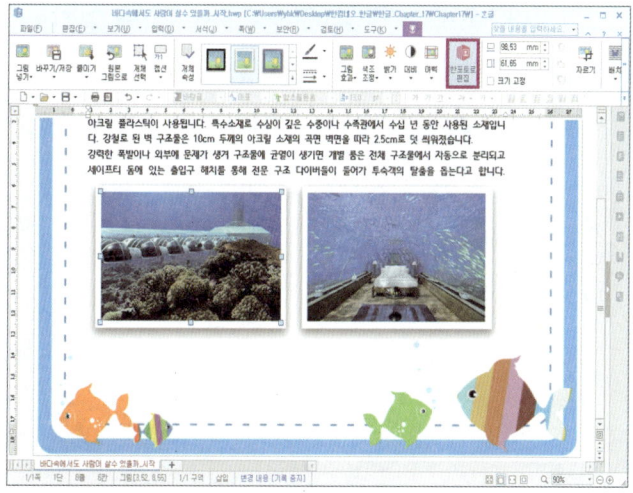

2 [한포토] 프로그램 화면 오른쪽의 [간편 보정] 작업 창에서 [밝게]를 클릭합니다. 총 5단계로 나누어져 있고, [4단계]를 선택 후 [적용]을 클릭합니다.

3 한포토 프로그램으로 편집한 밝게 효과가 적용된 것을 확인할 수 있습니다.

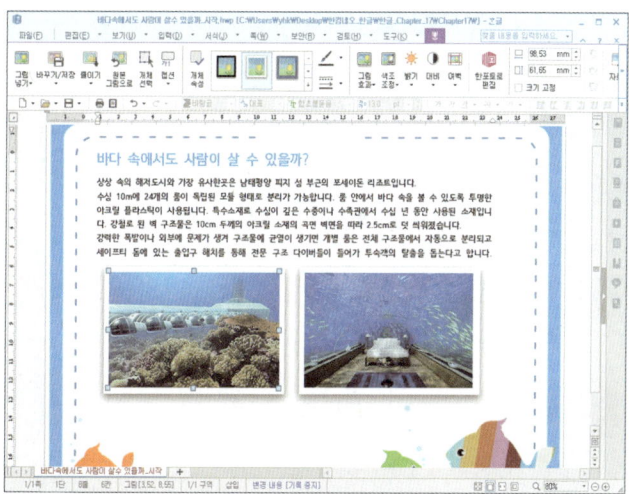

1 [입력] 탭–[그림]( )을 클릭하고 [그림 넣기] 대화상자에서 '다이버.png'를 선택 후 [넣기] 를 클릭합니다.

2 삽입된 그림을 선택한 후 마우스로 더블클릭 합니다.

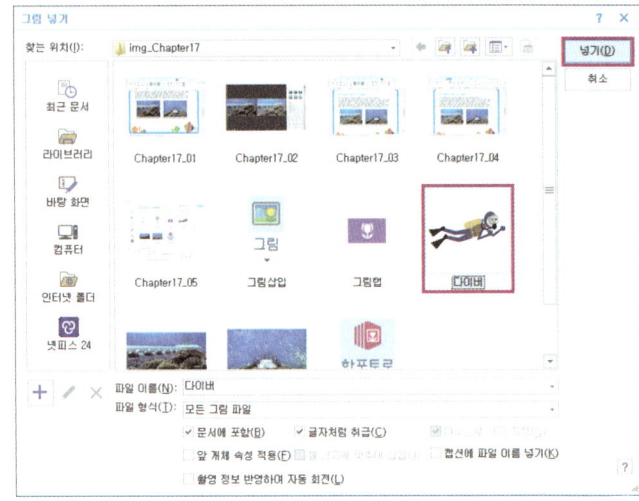

3 [개체 속성] 대화상자 [기본] 탭–[글자처럼 취급]을 선택 해제한 후 [본문과의 배치]–[글 앞으로]( )로 선택한 후 [설정]을 클릭합니다.

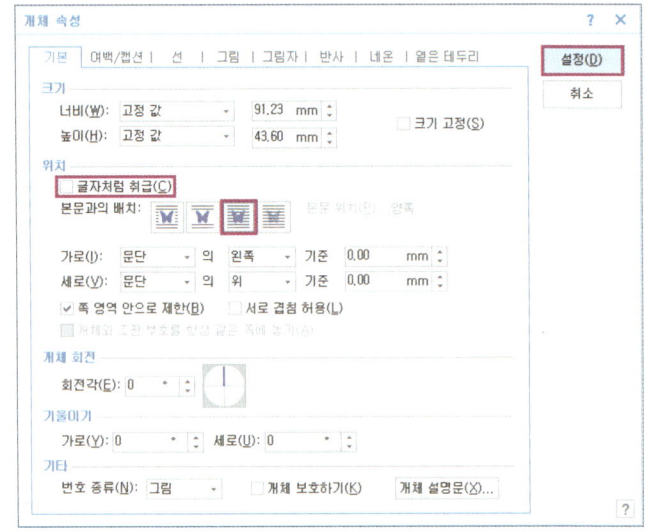

4 그림을 다음과 같은 위치로 이동한 후 [그림] 탭( )–[한포토로 편집]( )을 클릭합니다.

5 [한포토] 프로그램 화면 오른쪽의 [간편 보정] 작업 창에서 [투명 효과]( )를 클릭합니다.

6 보정 후 그림에서 투명 효과를 주고 싶은 배경 부분을 마우스로 클릭하고 [적용]을 클릭합니다. 흰색 배경 부분이 투명 처리된 것을 확인할 수 있습니다.

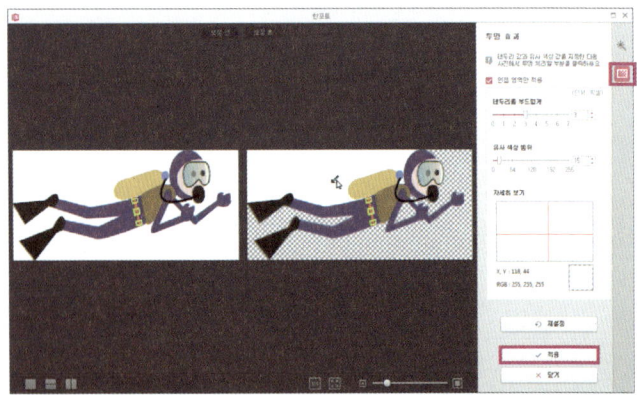

1 [파일] 탭-[모바일 최적화 문서로 저장하기]
를 선택합니다.

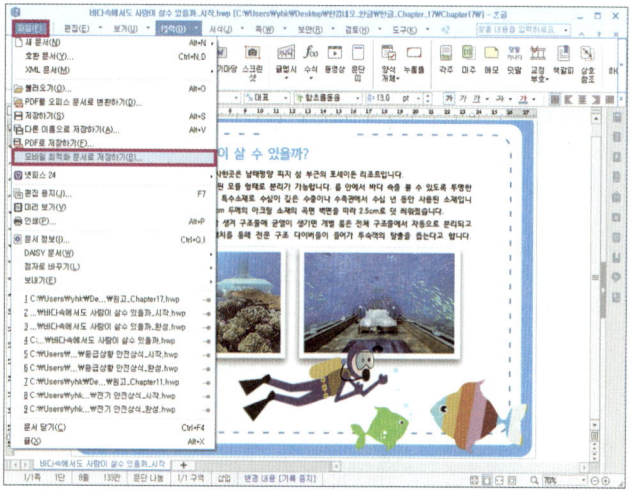

2 [모바일 최적화 문서로 저장하기] 대화상자에
서 문서를 저장할 위치와 파일 이름을 지정한
다음 [저장]을 클릭합니다.

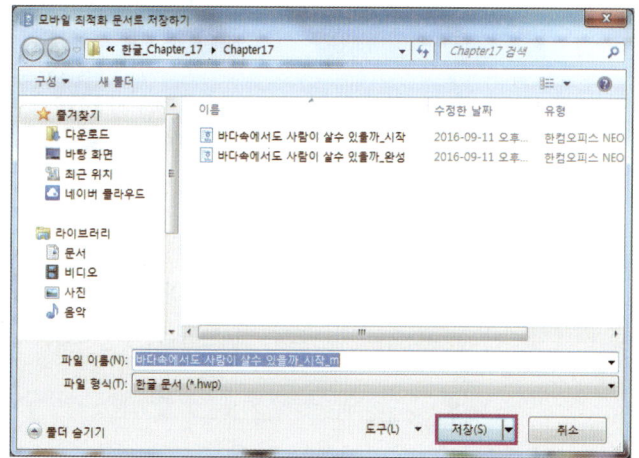

3 모바일 최적화 문서로 저장할지 묻는 메시지
를 확인한 후 [저장]을 클릭합니다. 지정한 위
치에 모바일 최적화 문서가 생성됩니다.

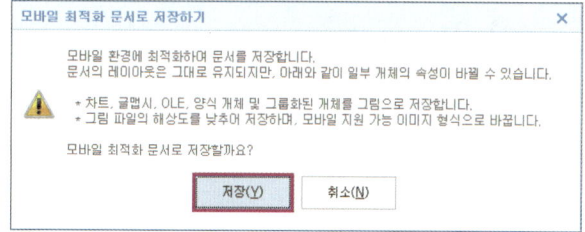

연습문제 풀어보기!

Let's Practice!

1 한포토를 이용하여 문서 내에서 삽입된 이미지 밝기를 조정한 후 그림 효과를 적용해 봅니다.

예제파일 Chapter17₩연습문제1_시작.hwp

2 한포토를 이용하여 문서에 삽입된 야채 그림의 배경을 투명 효과로 수정해 봅니다.

예제파일 Chapter17₩연습문제2_시작.hwp

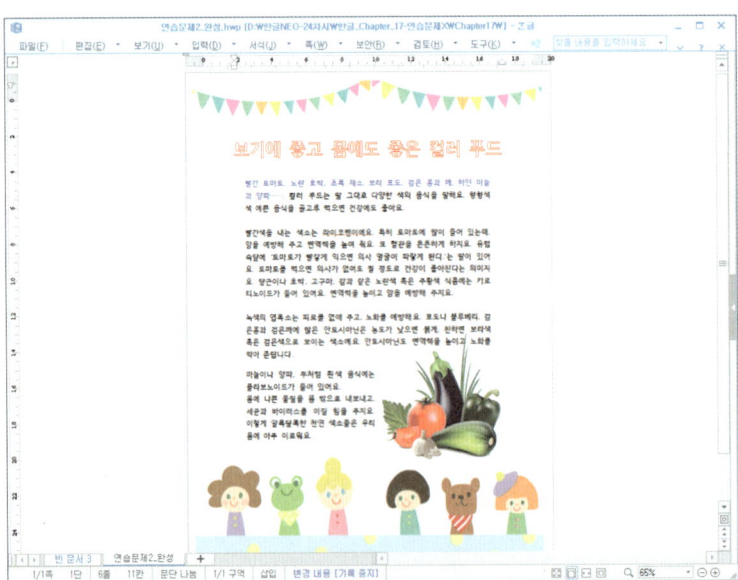

생활 속 에너지 절약법은 무엇이 있을까?

전기가 없는 세상을 상상해 본 적이 있나요? 생활 속 에너지 절약법을 알려주고 있는 문서를 신문이나 잡지처럼 세로 방향으로 단을 여러 개 나누어 정보를 전달해 봅니다. 문서를 좀 더 쉽게 읽어볼 수 있도록 할 수 있어요. 문서 내용을 색다르게 편집할 수 있는 다단 기능을 학습해 봅니다.

무엇을 배우나요?

★ 하나의 쪽을 2단으로 나누어 작성하는 다단 기능을 학습합니다.

★ 하나의 쪽을 3단으로 나누어 작성하는 다단 기능을 학습합니다.

완성화면 미리보기

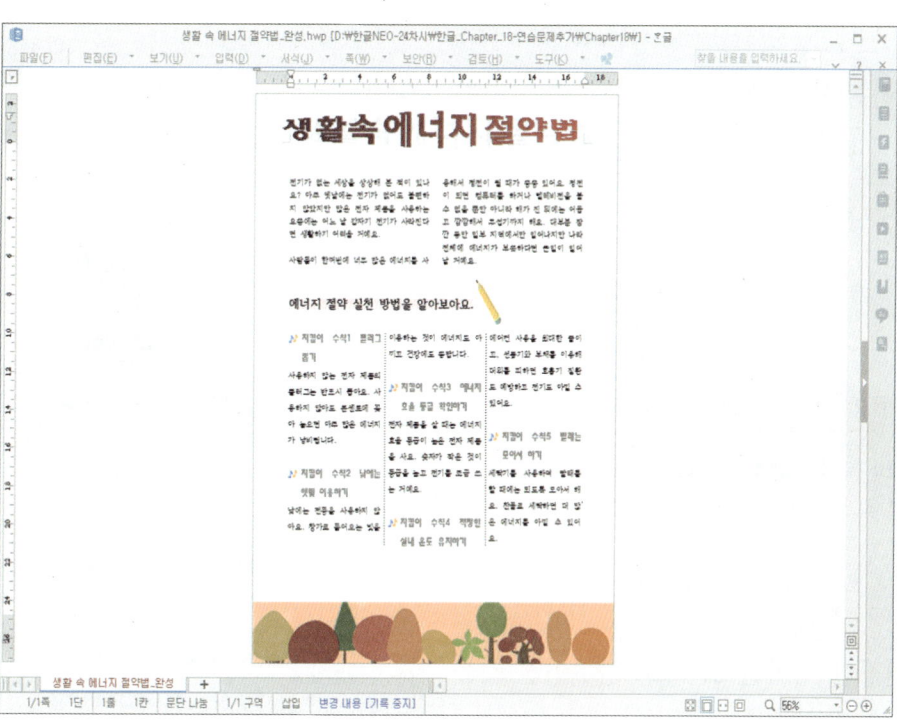

수업 길잡이

난이도 ★★★★☆

예제파일 Chapter18₩생활 속 에너지 절약법_시작.hwp

학습기능 2단 문서 설정, 3단 문서 설정

🔍 **이 학습과 예제를 통해** 다단 설정 방법을 알 수 있어요. 다단은 신문이나 잡지에서 많이 사용하는 편집 형태로 문서를 더욱 읽기 쉽도록 만들어 줘요. 하나의 쪽을 여러 개의 단으로 나누어 작업할 수 있으므로 보기에도 좋고 디자인 면에도 독특한 문서를 만들 수 있어 학급 신문이나 가족 신문, 정보지를 만들 때 유용해요.

1 예제파일을 열고 '전기가 없는 세상~큰 일이 일어날 거예요'까지 블록 설정한 후 [쪽] 탭-[단](▤)를 클릭합니다.

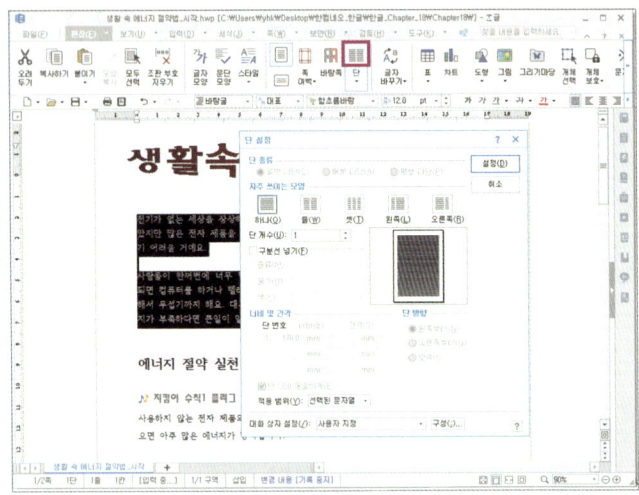

2 [단 설정] 대화상자가 나타나면 [자주 쓰이는 모양]에서 [둘(W)]을 선택한 후 [설정]을 클릭합니다.

TIP

[단 너비 동일하게]를 선택 해제하고 단 너비를 조절하면 각 단의 너비를 서로 다르게 만들 수 있습니다.

3 블록 설정한 영역만 2단으로 나누어진 것을 확인할 수 있습니다.

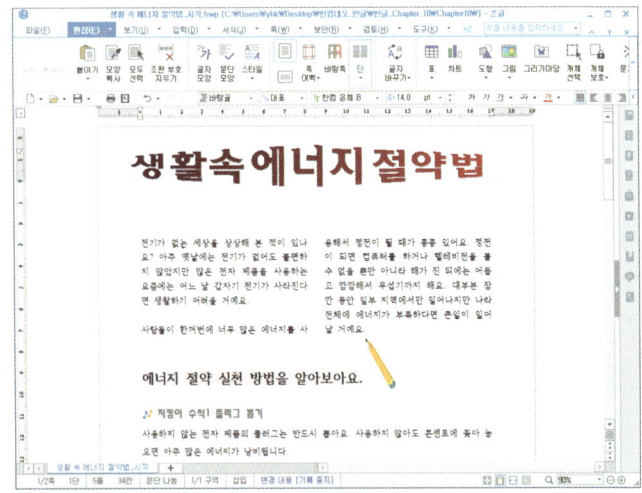

1 '지킴이 수칙1~지킴이 수칙5'까지 블록 설정한 후 [쪽] 탭-[단](▤)를 클릭합니다.

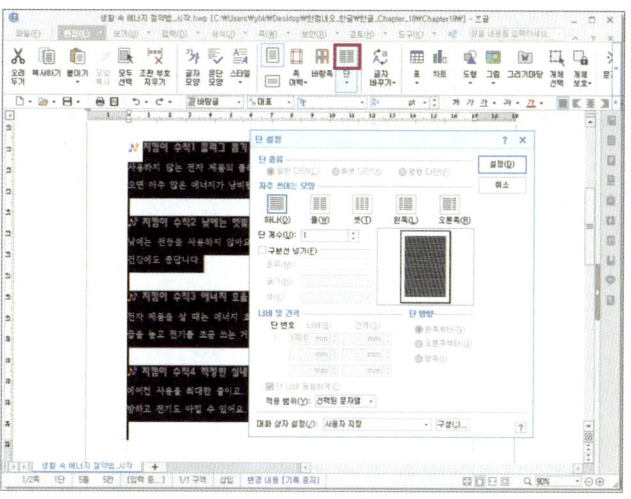

2 [단 설정] 대화상자가 나타나면 [자주 쓰이는 모양]에서 [셋(T)]을 선택한 후 다음과 같이 설정하고 [설정]을 클릭합니다.

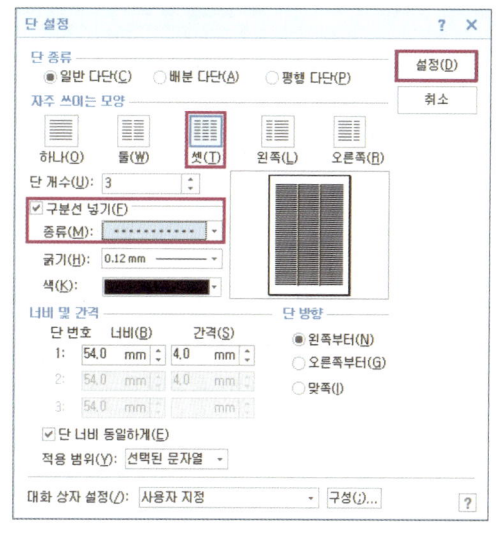

대화상자 설정 값 ·······
① 구분선 넣기 : 선택 ② 종류 : 점선

3 블록 설정한 영역만 3단으로 나누어진 것을 확인할 수 있습니다.

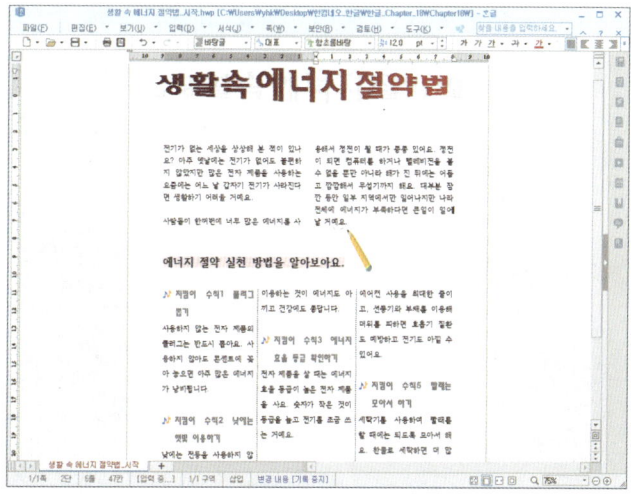

1 본문 내용 중 첫 번째 문단을 오른쪽 단으로 설정한 후 단 간격을 조정해 봅니다.

예제파일 Chapter18₩연습문제1_시작.hwp

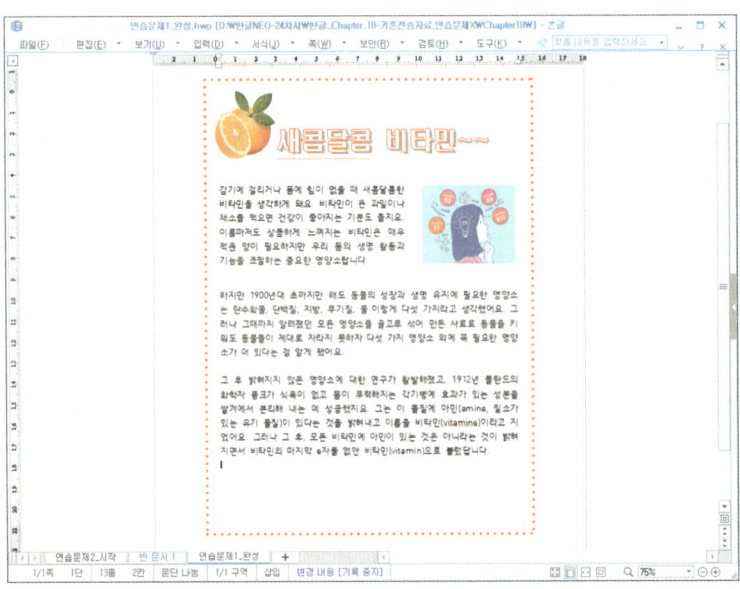

2 문서의 '자연 및 자원~관리하게 되었다.'까지를 '점선' 구분선이 있는 3단 문서로 변경해 봅니다.

예제파일 Chapter18₩연습문제2_시작.hwp

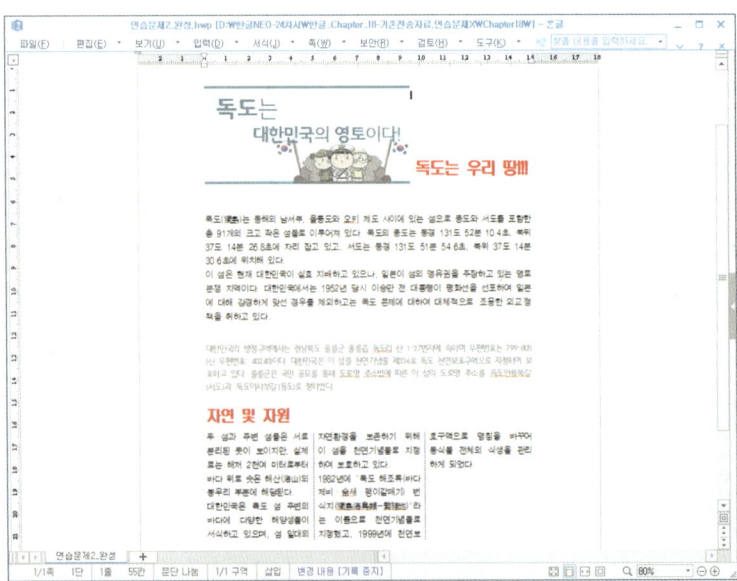

Chapter 19

에코마일리지란?

에코마일리지는 환경부 및 지방자치단체에서 인센티브를 제공하는 실천 프로그램이에요. 좋은 프로그램을 소개하는 취지의 문서에 직사각형, 타원, 곡선 등의 도형을 문서에 삽입해 봅니다. 삽입한 도형의 채우기 색과 선 등을 편집하는 방법도 연습해 보세요.

무엇을 배우나요?

★ **도형 삽입 방법**을 학습합니다.

★ **글상자 삽입 방법**을 학습합니다.

완성화면 미리보기

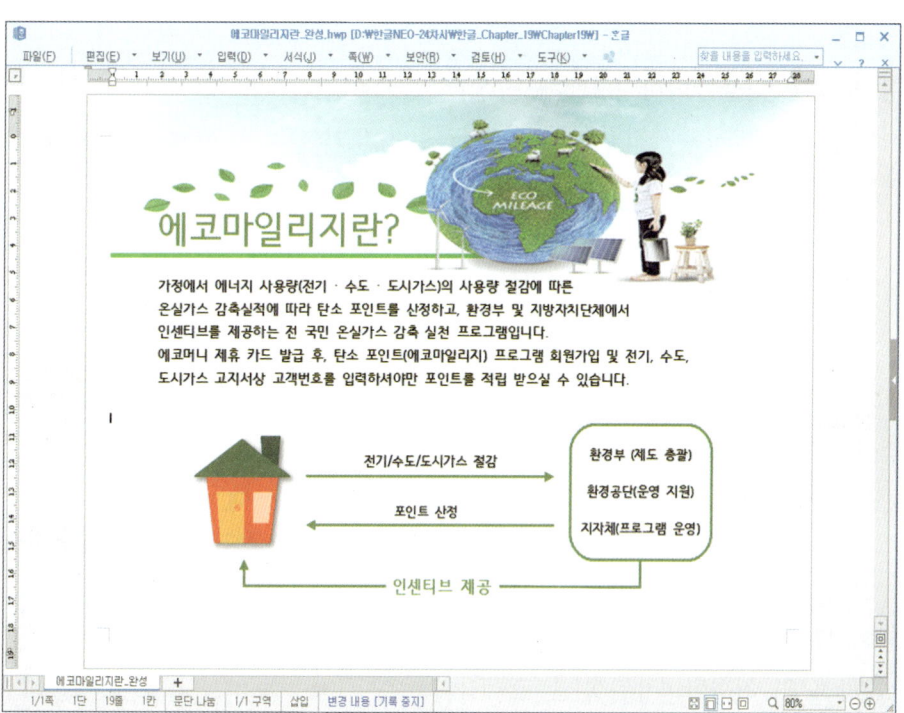

수업 길잡이

난이도	★★★★☆
예제파일	Chapter19₩에코마일리지란_시작.hwp
학습기능	도형 삽입, 글상자 삽입

🔍 이 학습과 예제를 통해 직선, 직사각형, 타원, 호, 다각형, 곡선, 자유선, 개체 연결선, 글상자 등을 문서에 삽입, 편집할 수 있어요. 기능을 활용해 문서 표지나 카드 등을 만들 수 있어요.

1 예제파일을 열고 [입력] 탭-[직사각형](□)을 클릭하여 적당한 크기로 드래그하여 직사각형을 삽입합니다.

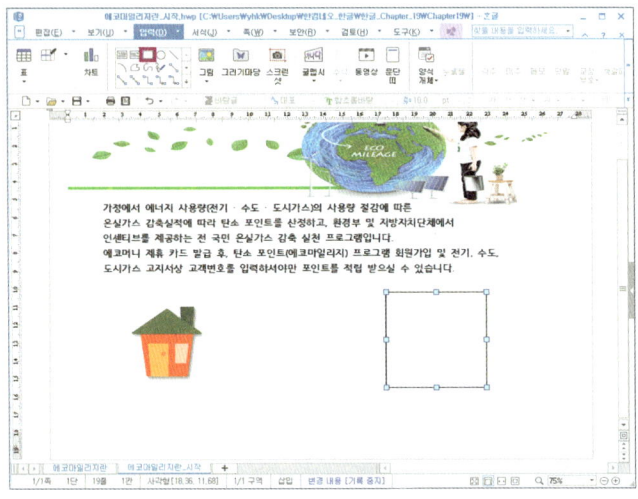

2 직사각형 도형을 더블클릭하여 [개체 속성] 대화상자의 [기본] 탭-[글자처럼 취급]을 선택 해제합니다.

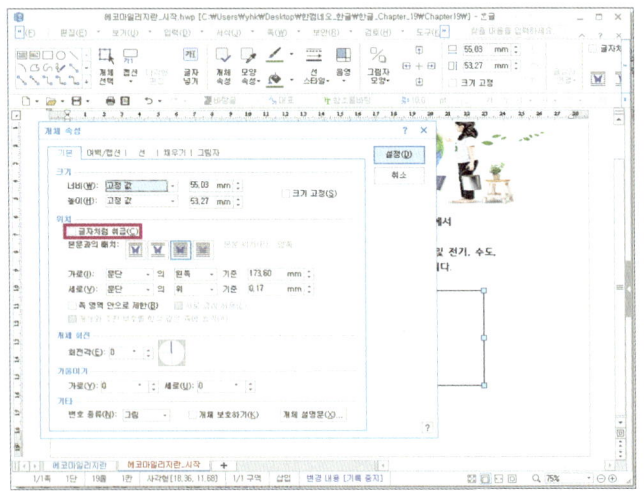

3 [개체 속성] 대화상자의 [선] 탭에서 선의 서식을 다음과 같이 설정하고 [설정]을 클릭합니다.

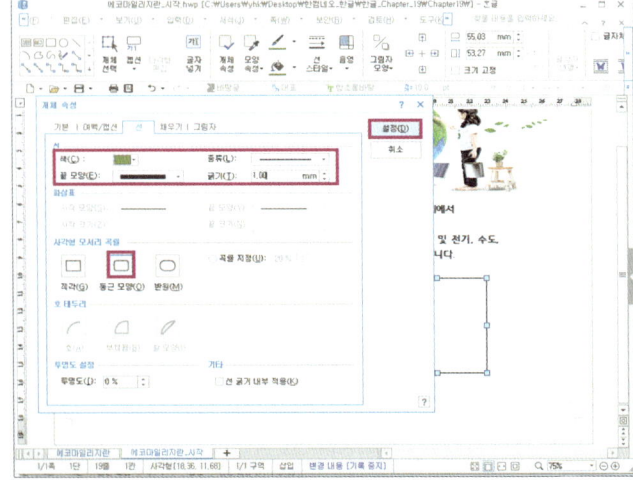

> **대화상자 설정 값**
> ① 색 : 멜론색 ② 종류 : 실선 ③ 굵기 : 1.00mm
> ④ 사각형 모서리 곡률 : 둥근 모양(□)

4 서식이 적용된 사각형을 선택한 후 [도형] 탭(![도형])–[글자 넣기](![글자]키)를 클릭합니다.

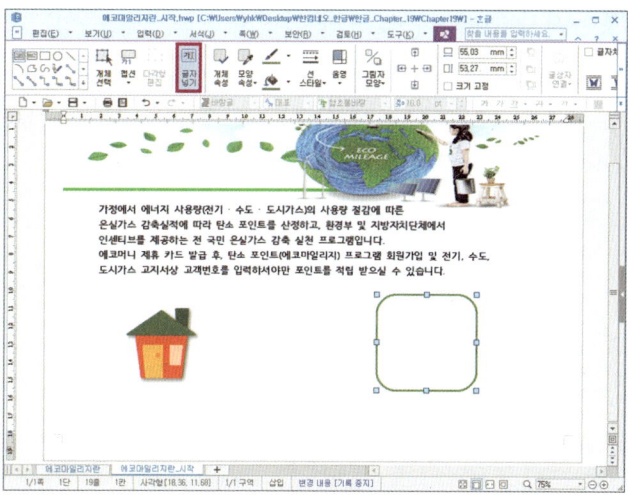

5 사각형 도형에 글자를 입력할 수 있는 글상자로 변경된 것을 확인할 수 있습니다. 다음과 같이 입력합니다.

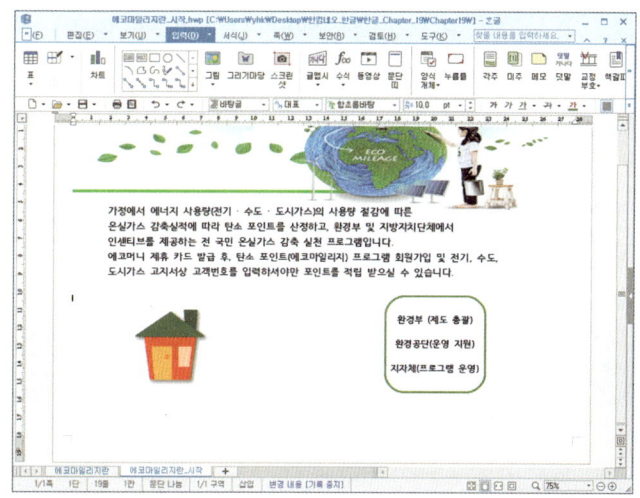

6 [입력] 탭–[직선](![직선])을 클릭하여 적당한 크기로 드래그하여 직선을 삽입합니다.

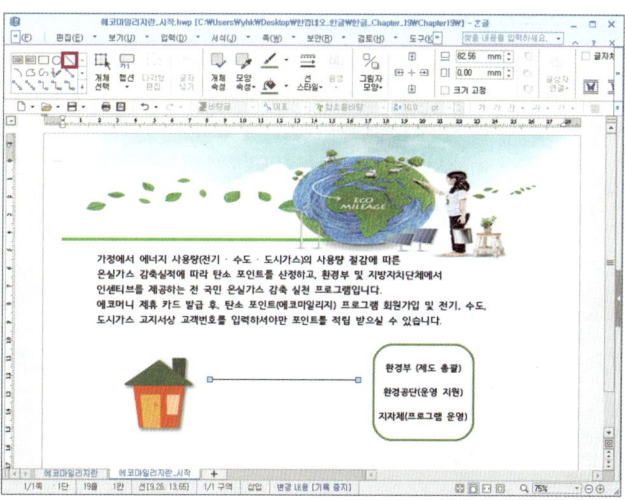

7 직사각형과 동일하게 설정하고, [개체 속성] 대화상자의 [선] 탭에서 다음과 같이 설정하고 [설정]을 클릭합니다.

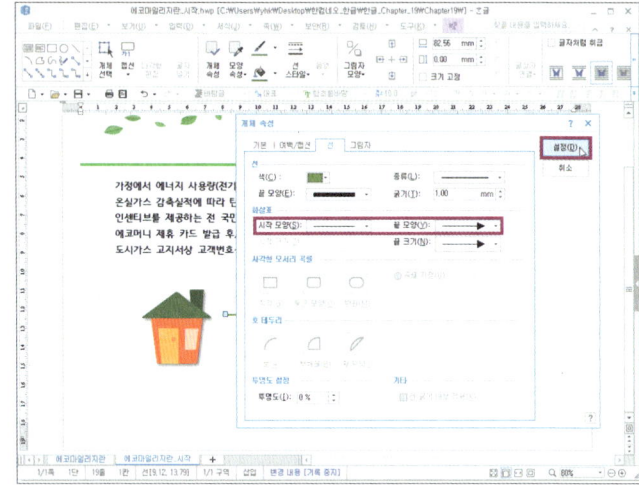

대화상자 설정 값 ·······························
① 시작 모양 : 화살표 없음 ② 끝 모양 : 화살표

8 서식 적용된 직선을 선택한 후 Ctrl + Shift 을 누른 상태로 드래그하여 복사합니다.

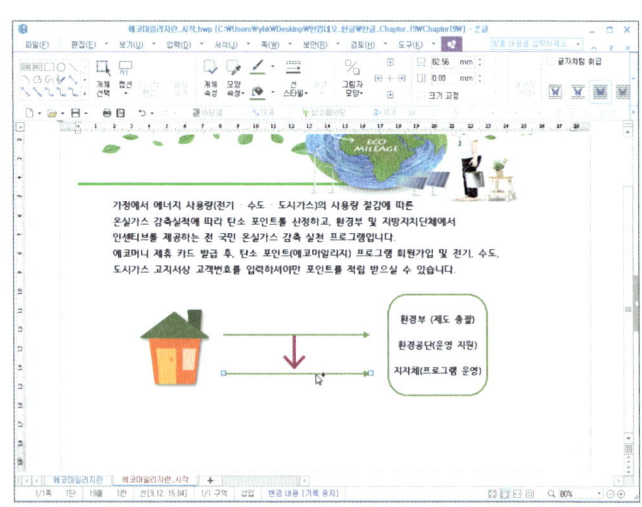

TiP

도형 그리기 방법
① Ctrl : 도형의 중심부터 시작해서 그릴 수 있습니다.
② Shift : 15도 각도의 직선, 너비와 높이가 똑같은 정사각형, 정원을 그릴 수 있습니다.
③ 기본 크기로 그리기 : 도형 아이콘을 선택하고 마우스를 클릭하면 기본 크기의 도형이 바로 그려집니다.
④ 연속해서 그리기 : 도형 아이콘을 더블클릭하면 한 번 도형을 그린 이후에도 계속 아이콘이 선택된 상태로 유지됩니다. 계속해서 도형을 그리고 도형 그리기가 모두 끝나면 선택 상태의 아이콘을 다시 한 번 클릭하여 그리기 상태를 해제합니다.

9 화살표의 시작 모양, 끝 모양을 첫 번째 직선과 반대로 설정합니다.

글상자 삽입하기

1 [입력] 탭-[가로 글상자](□)를 클릭합니다.

2 첫 번째 화살표 위쪽으로 드래그하여 가로 글상자를 삽입한 후 '전기/수도/도시가스 절감'을 입력합니다.

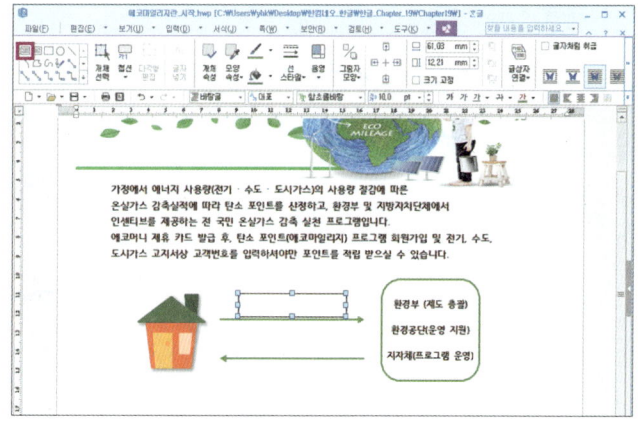

3 글상자를 더블클릭하여 [개체 속성] 대화상자의 [기본] 탭-[글자처럼 취급]을 선택 해제, [선] 탭-[선 없음]을 선택하고 [설정]을 클릭합니다.

4 글상자를 선택한 후 **Ctrl** + **Shift** 를 누른 상태로 드래그하여 복사한 후 '포인트 산정'을 입력합니다.

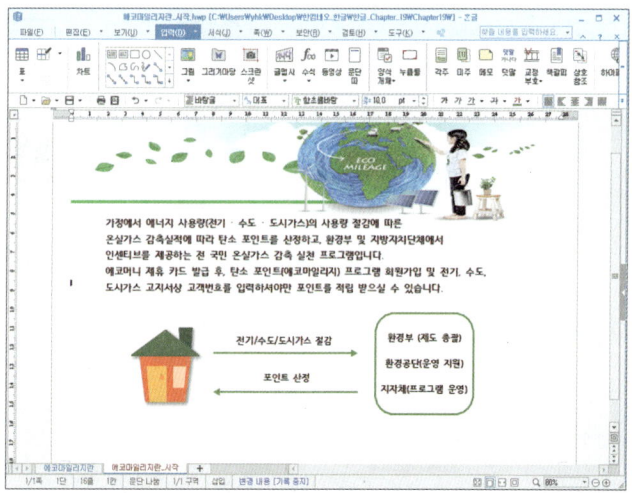

5 [입력] 탭-[꺾인 화살표 연결선](⌐), [가로 글상자](□)를 이용하여 다음과 같이 작업합니다.

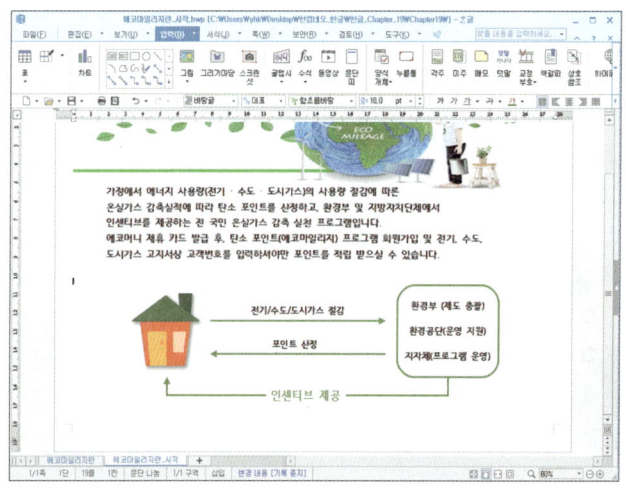

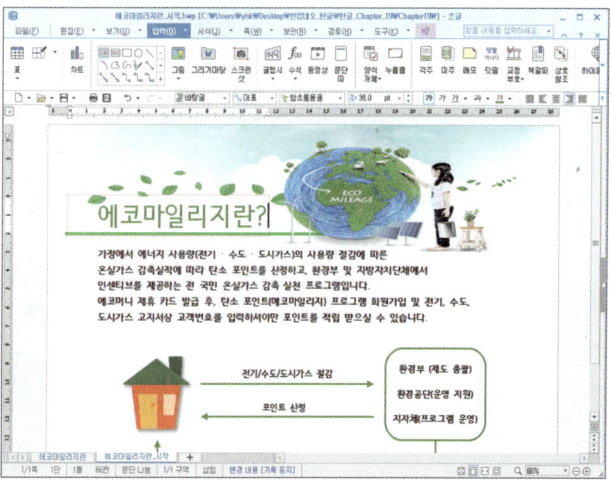

연습문제 풀어보기!

1 문서 안에 도형을 삽입하여 다음과 같은 문서를 만들어 봅니다.

예제파일 Chapter19₩연습문제1_시작.hwp

2 글상자를 활용하여 다음과 같이 문서를 만들어 봅니다. 문서의 텍스트 내용은 '기린.txt' 파일을 활용합니다.

예제파일 Chapter19₩연습문제2_시작.hwp, 기린.txt

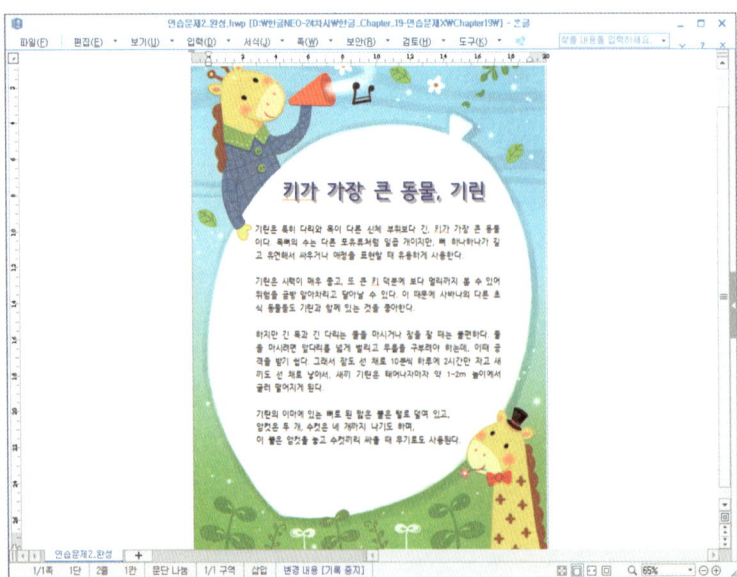

Chapter 20
지하철 안전상식을 알아볼까?

여러 사람들이 이용하는 대중교통 중에 하나인 지하철에서 지켜야 할 안전 상식들이 있어요. 이러한 내용을 담고 있는 문서에 삽입된 다양한 도형, 글상자 등의 개체 서식들을 변경하여 문서를 더욱 화려하고 전달력 있게 꾸며 봅니다. 도형, 글상자의 서식 변경 방법을 학습해 보세요.

무엇을 배우나요?
★ 도형 서식 변경 방법을 학습합니다.
★ 글상자 서식 변경 방법을 학습합니다.

완성화면 미리보기

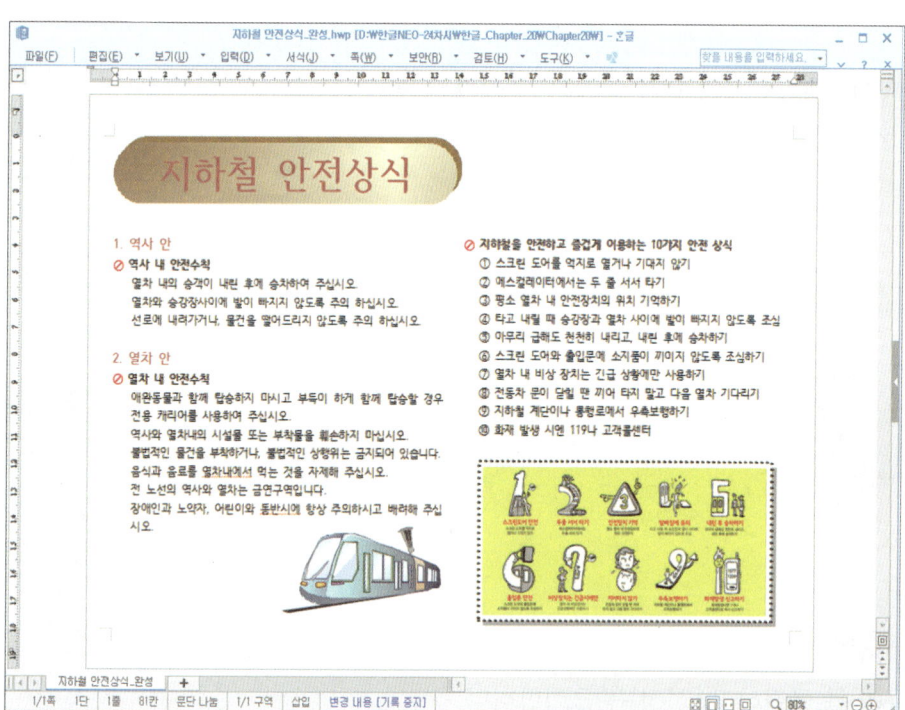

수업 길잡이

난이도	★★★☆☆
예제파일	Chapter20₩지하철 안전상식_시작.hwp
학습기능	도형 서식 변경, 글상자 서식 변경

🔍 **이 학습과 예제를 통해** 도형의 색과 무늬, 그러데이션 등 채우기 효과를 적용하여 시각적 효과를 줄 수 있어요. 또한 문서 내에 삽입한 글상자의 크기와 채우기 효과, 테두리의 모양이나 색상을 적용해 다양한 내용을 넣을 수 있어요.

도형 서식 변경하기

1 예제파일을 열고 오른쪽 아래쪽의 그림을 선택한 후 [도형] 탭( )-[개체 속성]( )을 클릭합니다.

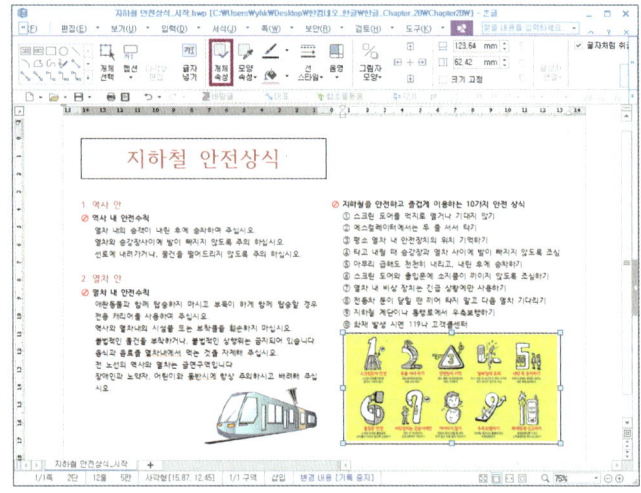

2 [개체 속성] 대화상자의 [선] 탭에서 다음과 같이 설정합니다.

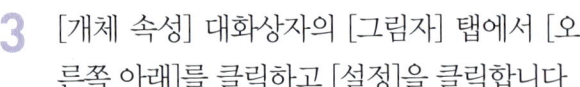

대화상자 설정 값

① 종류 : 원형 점선 ② 굵기 : 1.00mm

3 [개체 속성] 대화상자의 [그림자] 탭에서 [오른쪽 아래]를 클릭하고 [설정]을 클릭합니다.

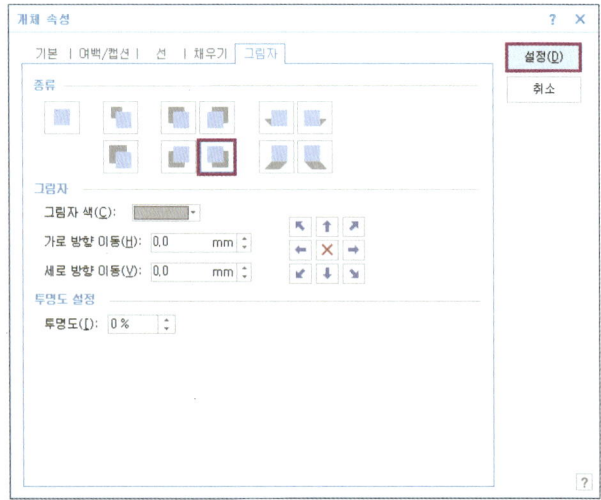

글상자 서식 변경하기

1 왼쪽 위에 제목이 입력되어 있는 글상자를 선택한 후 [도형] 탭( )–[개체 속성]( )을 클릭합니다.

2 [개체 속성] 대화상자의 [채우기] 탭을 다음과 같이 설정합니다.

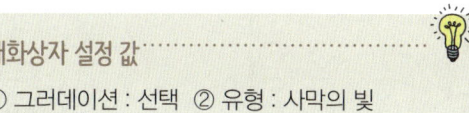

대화상자 설정 값

① 그러데이션 : 선택 ② 유형 : 사막의 빛

3 [개체 속성] 대화상자의 [선] 탭을 다음과 같이 설정합니다.

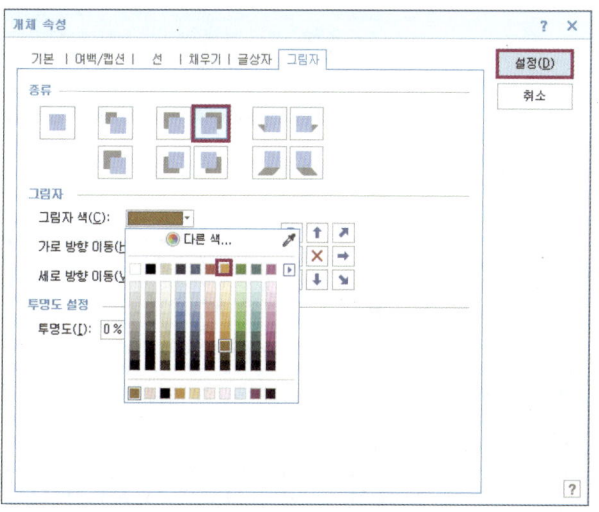

대화상자 설정 값

① 종류 : 선 없음 ② 사각형 모서리 곡률 : 반원

4 [개체 속성] 대화상자의 [그림자] 탭을 다음과 같이 설정하고 [설정]을 클릭합니다. 제목이 입력된 글상자에 선 및 채우기, 그림자가 설정된 것을 확인할 수 있습니다.

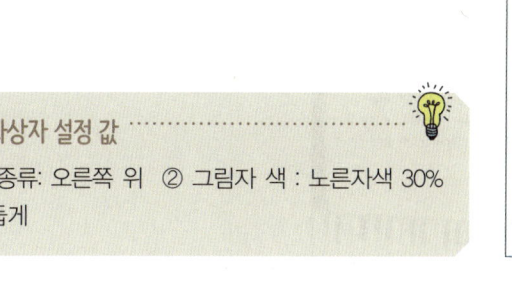

대화상자 설정 값

① 종류: 오른쪽 위 ② 그림자 색 : 노른자색 30% 어둡게

연습문제 풀어보기!

1 하트 그림 위에 글상자를 삽입하고 '독도 사랑'이라고 입력하고 다음과 같이 수정해 봅니다.

① 글상자 선-종류 : 선 없음 ② 글상자 채우기-색 : 없음 ③ 글꼴 : MD이솝체 ④ 글꼴 크기 : 16pt
⑤ 글자 색 : 하양 ⑥ 속성 : 진하게

예제파일 Chapter20₩연습문제1_시작.hwp

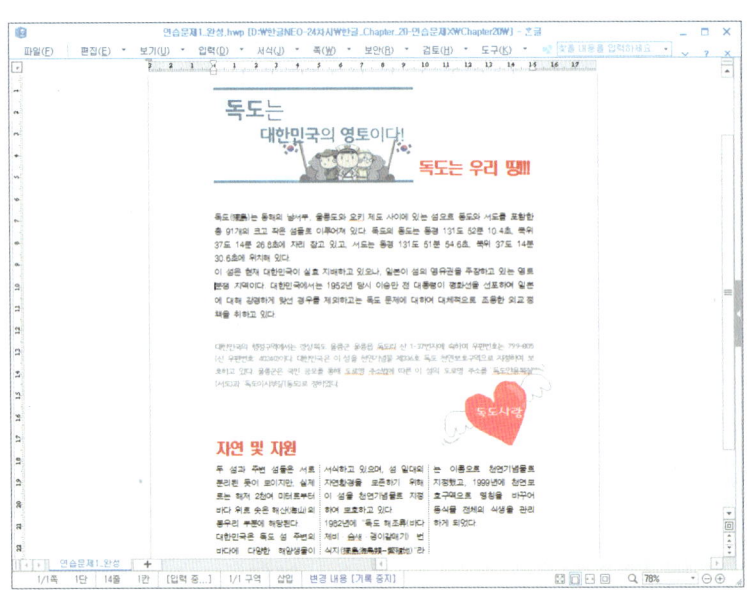

2 다음과 같이 '피아노의 시인, 쇼팽' 글상자 제목을 선택한 후 다음과 같이 수정해 봅니다.

① 글상자 선-종류 : 원형 점선 ② 글상자 선-굵기 : 1.00mm ③ 글상자 사각형 모서리 곡률 : 둥근 모양
④ 그림자 종류 : 오른쪽 아래 ⑤ 그림자 색 : 검정

예제파일 Chapter20₩연습문제2_시작.hwp

Chapter 21

외국인이
우리나라 사람이 되려면?

외국인들이 한국 국적을 가지기 위해 어떤 절차를 가져야 할까요? 조건이나 제출 서류에 대해 알려주는 안내문으로 학습해 봅니다. 여러 명에게 한꺼번에 메일을 발송해야 하는 경우이므로 메일 머지 기능을 사용해야 해요. 메일 머지는 같은 내용의 편지에서 이름이나, 주소 등 일부 내용만 다르게 하여 대량의 편지를 한꺼번에 보낼 수 있는 기능이에요. 작성과 편집 방법에 대해 학습해 보세요.

무엇을  배우나요?

★ 메일 머지 작성 방법을 학습합니다.

★ 메일 머지 편집 방법을 학습합니다.

완성화면 미리보기

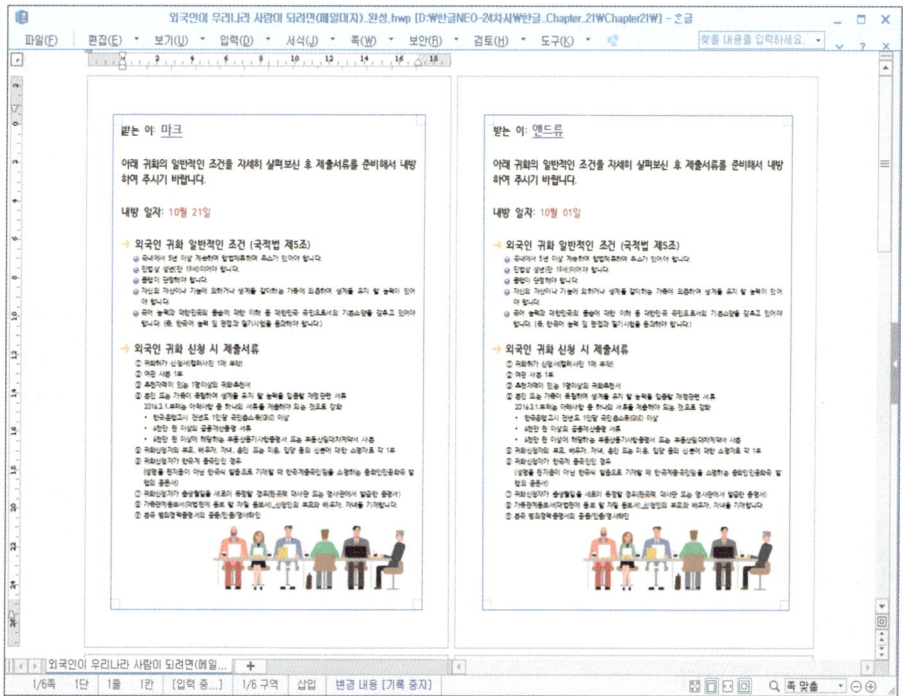

수업 길잡이

난이도	★★★★☆
예제파일	Chapter21\외국인이 우리나라 사람이 되려면(안내문)_시작.hwp
학습기능	메일 머지 작성, 메일 머지 편집

🔍 **이 학습과 예제를 통해** 같은 문서의 일부만 바꿔 편지를 만드는 메일 머지에 대해 알 수 있어요. 메일 머지 사용을 위해 데이터 파일과 내용 파일을 작성하고 두 개의 문서를 결합하여 여러 통의 편지나 안내문 등을 쉽게 만들 수 있어요.

1 예제파일을 열고 '받는 이 : ' 뒤에 커서를 이동한 다음 [도구] 탭-[메일 머지](□)를 클릭합니다.

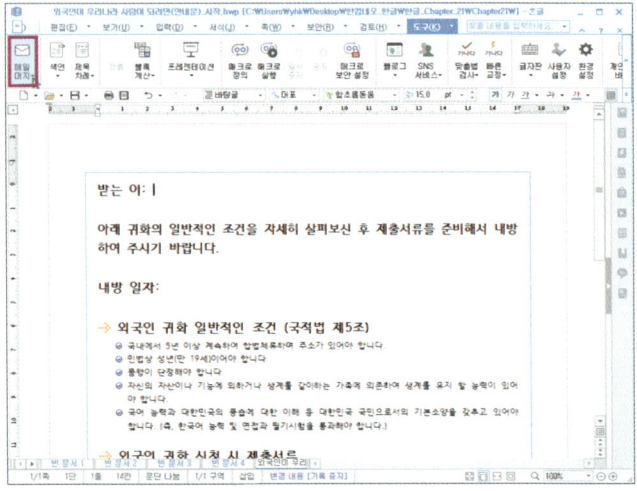

2 [메일 머지 표시 달기]를 선택합니다.

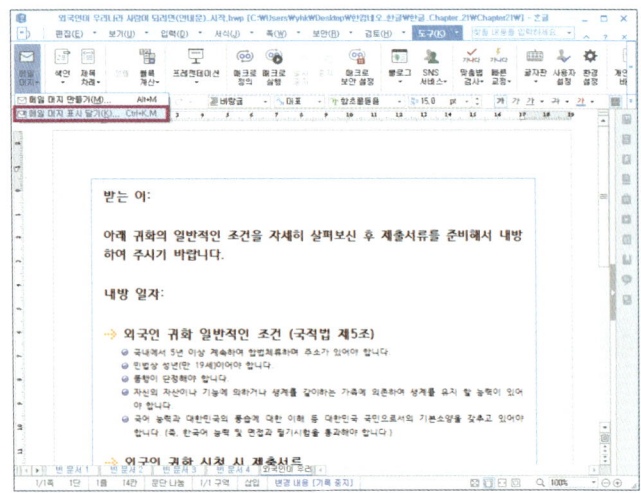

3 [메일 머지 표기 달기] 대화상자에서 [필드 만들기] 탭을 클릭한 다음 필드 번호 '1'을 입력하고 [넣기]를 클릭합니다.

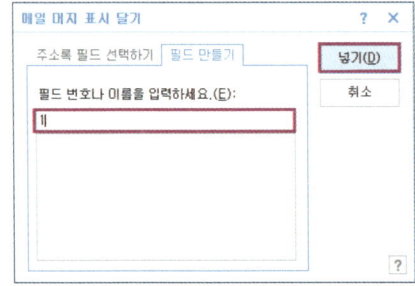

4 안내문 파일의 커서 위치에 '{{1}}' 형식으로 메일 머지 표시가 삽입됩니다. 이 표시는 메일 머지를 만들 때 데이터 파일의 각 레코드에서 '1번' 필드에 입력된 내용을 가져온다는 의미입니다.

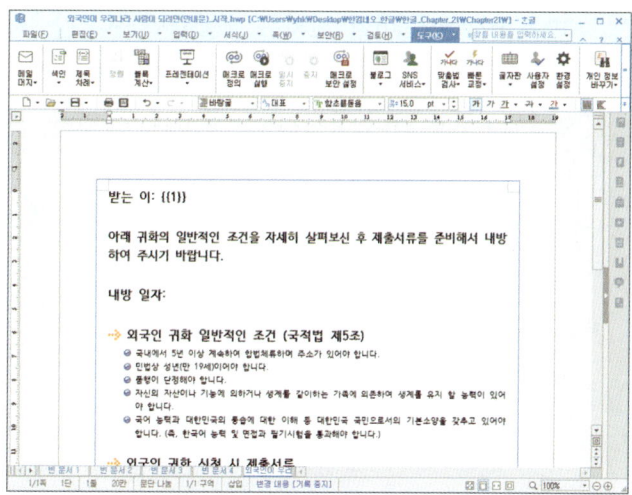

5 같은 방법으로 '내방 일자'에는 필드 번호 2번으로 메일 머지 표시를 달아줍니다.

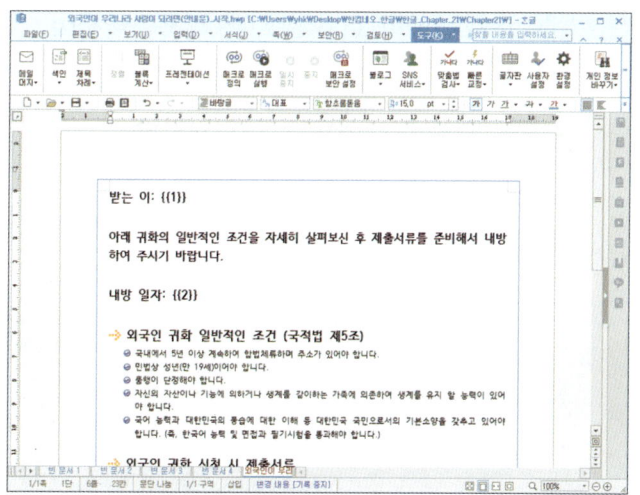

6 메일 머지를 사용하려면 데이터 파일과 내용이 입력된 파일이 필요합니다. 새 문서를 열어 데이터 파일을 다음과 같이 작성한 후 '외국인이 우리나라 사람이 되려면(안내명단).hwp'으로 저장합니다.

 **TiP**

데이터 파일 첫 줄에는 반드시 필드(항목)의 개수를 입력하고 다음 줄부터 데이터를 입력합니다.

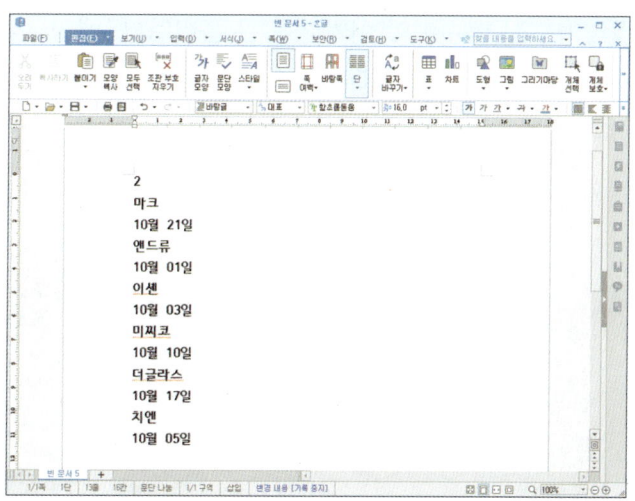

1 '받는 이' 메일 머지 표시를 더블클릭하여 블록으로 지정한 후 **Alt**+**L**을 눌러 글자 모양을 다음과 같이 편집하고 [설정]을 클릭합니다.

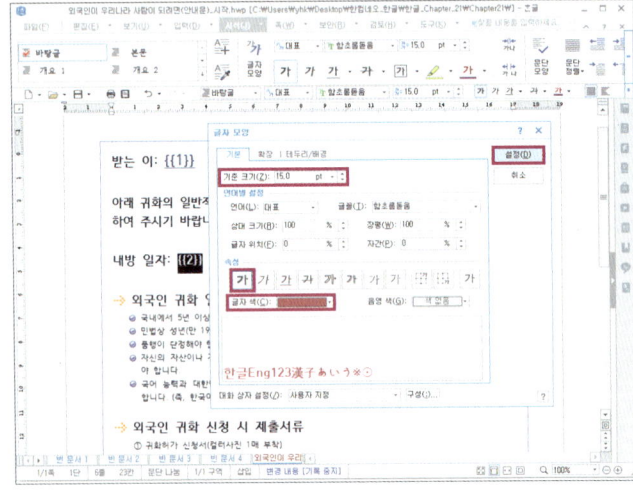

> 💡 대화상자 설정 값
> ① 글꼴 크기 : 18pt ② 진하게 ③ 밑줄 ④ 글자 색 : 바다색 10% 어둡게

2 '내방 일자' 메일 머지 표시를 더블클릭하여 블록으로 지정한 후 **Alt**+**L**을 눌러 글자 모양을 편집하고 [설정]을 클릭합니다.

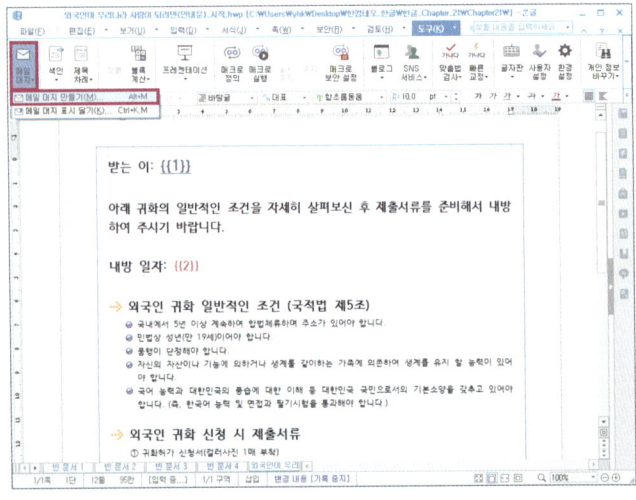

> 💡 대화상자 설정 값
> ① 글꼴 크기 : 15pt ② 진하게 ③ 글자 색 : 루비색

3 [도구] 탭-[메일 머지](✉)를 클릭하고 [메일 머지 만들기]를 선택합니다.

받는 이: {{1}}

아래 귀화의 일반적인 조건을 자세히 살펴보신 후 제출서류를 준비해서 내방하여 주시기 바랍니다.

내방 일자: {{2}}

➡ 외국인 귀화 일반적인 조건 (국적법 제5조)
- 국내에서 5년 이상 계속하여 합법체류하며 주소가 있어야 합니다
- 민법상 성년(만 19세)이어야 합니다.
- 품행이 단정해야 합니다.
- 자신의 자산이나 기능늘에 의하거나 생계를 같이하는 가족에 의존하여 생계를 유지 할 능력이 있어야 합니다.
- 국어 능력과 대한민국의 풍습에 대한 이해 등 대한민국 국민으로서의 기본소양을 갖추고 있어야 합니다. (즉, 한국어 능력 및 면접 및 필기시험을 통과해야 합니다.)

➡ 외국인 귀화 신청 시 제출서류
- 귀화허가 신청서(칼라사진 1매 부착)

4 [메일 머지 만들기] 대화상자에서 '외국인이 우리나라 사람이 되려면(안내명단).hwp'를 선택하고 다음과 같이 설정하고 [확인]을 클릭합니다.

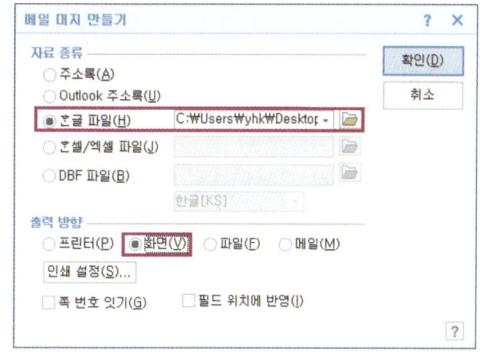

5 메일 머지 결과가 화면으로 표시됩니다. 메일 머지 표시를 달아두었던 부분을 확인해보면 첫 번째 레코드의 이름과 내방 일자가 표시된 것을 확인할 수 있습니다.

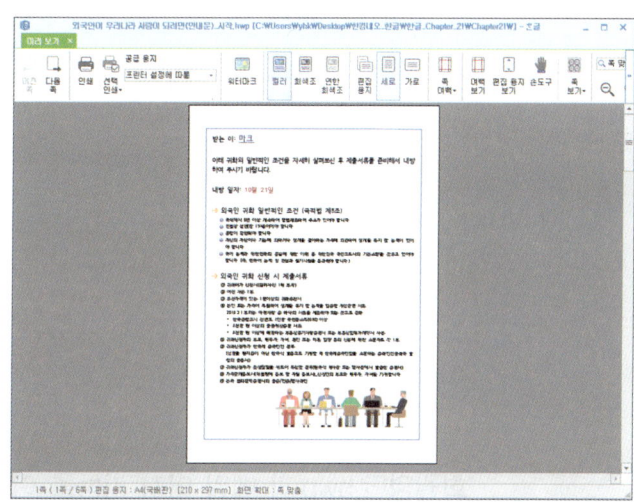

6 [미리 보기] 탭-[다음 쪽](□)을 클릭하여 두 번째 레코드의 필드 값이 삽입되었는지 확인합니다.

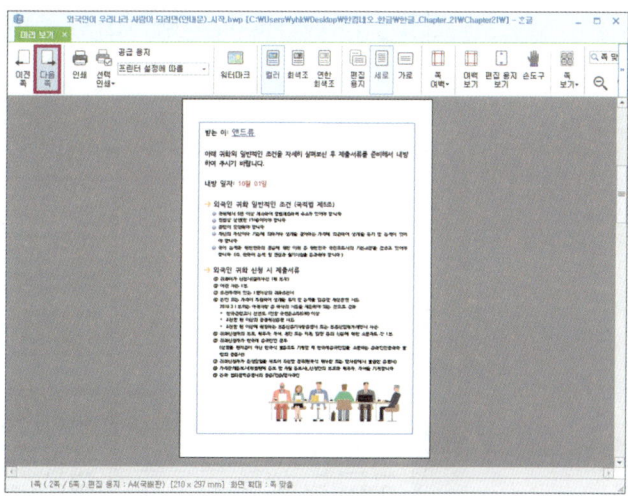

 다음과 같이 초대글 내용을 입력한 후 '받는 사람'에 메일 머지를 설정한 후 '초대의 글.hwp'로 저장해 봅니다.

예제파일 Chapter21₩연습문제1_시작.hwp, 회원명단.hwp

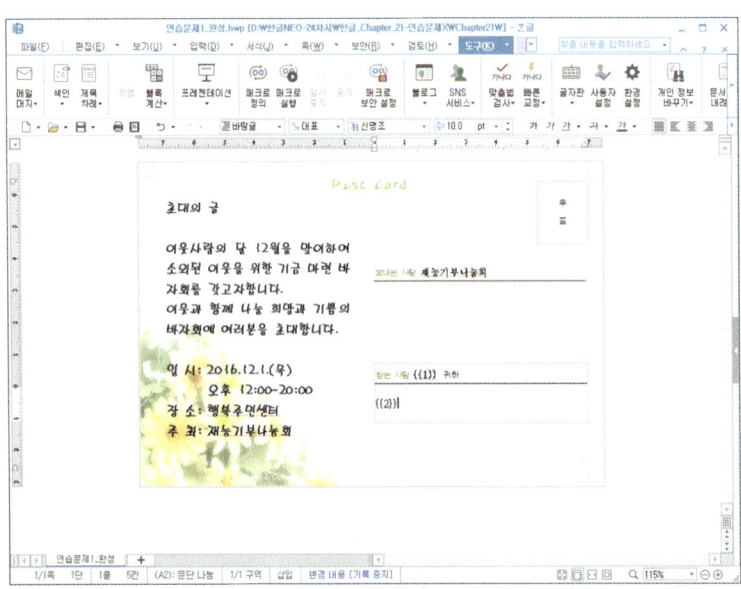

2 '회원명단.hwp'과 메일 머지 기능을 이용하여 다음과 같이 메일 머지 후 '초대장.hwp'으로 저장해 봅니다.

예제파일 Chapter21₩연습문제2_시작.hwp, 회원명단.hwp

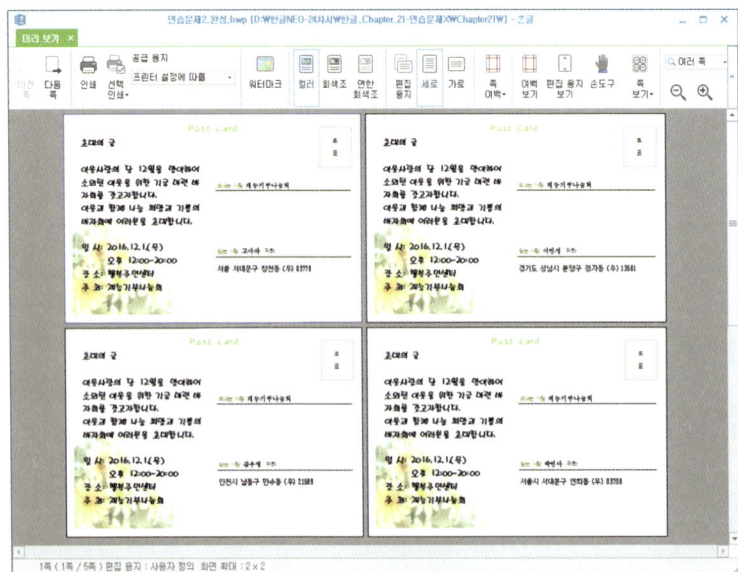

Chapter 22

소화기 사용 방법을 알아볼까?

화재 상황에서 꼭 필요한 소화기! 소화기에 대한 유용한 정보를 담은 문서가 여러 쪽으로 이루어져 있어요. 문서의 순서를 확인하기 쉽도록 쪽 번호를 삽입하고 각 쪽마다 본문을 에워싸는 동일한 테두리를 설정하는 방법에 대해서 배워 봅니다.

무엇을 배우나요?

★ 문서의 쪽마다 번호를 매기는 쪽 번호 삽입 방법을 학습합니다.

★ 모든 쪽마다 동일한 테두리를 설정하는 방법을 학습합니다.

완성화면 미리보기

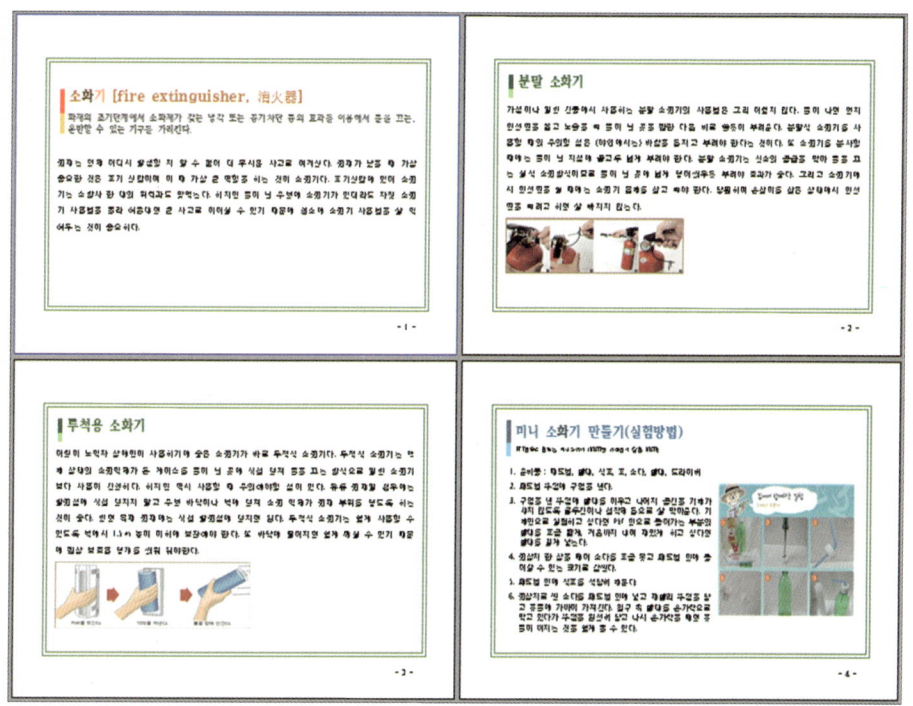

수업 길잡이

난이도	★★★☆☆
예제파일	Chapter22₩소화기 사용법_시작.hwp
학습기능	쪽 번호 삽입, 쪽 테두리 설정

🔍 **이 학습과 예제를 통해** 쪽 번호를 쉽게 삽입할 수 있고 쪽 번호를 통해 찾고자 하는 쪽을 쉽게 찾아 이동하여 편리하게 수정할 수 있어 작업 시간을 단축할 수 있어요. 또한 문서의 각 쪽마다 테두리를 동일하게 설정하여 문서의 통일성을 줄 수 있고 더욱 돋보이게 할 수도 있어요.

1 예제파일을 열고 [쪽] 탭-[쪽 번호 매기기]([□])를 클릭합니다.

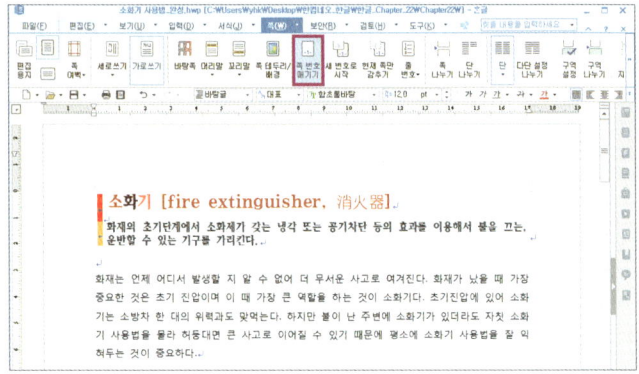

2 [쪽 번호 매기기] 대화상자가 나타나면 다음과 같이 번호 위치와 번호 모양을 선택한 후 [넣기]를 클릭합니다.

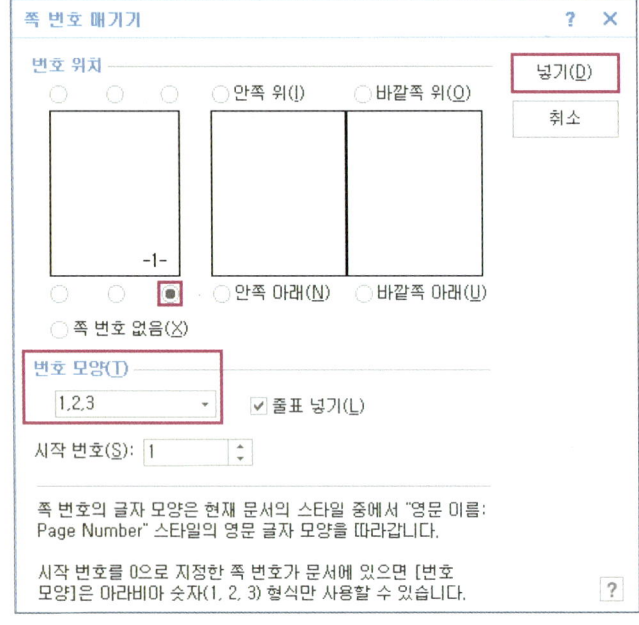

대화상자 설정 값 ·········

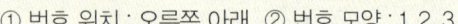

① 번호 위치 : 오른쪽 아래 ② 번호 모양 : 1, 2, 3

3 미리보기 화면에서 작성한 문서 오른쪽 아래에 쪽 번호가 삽입된 것을 확인할 수 있습니다.

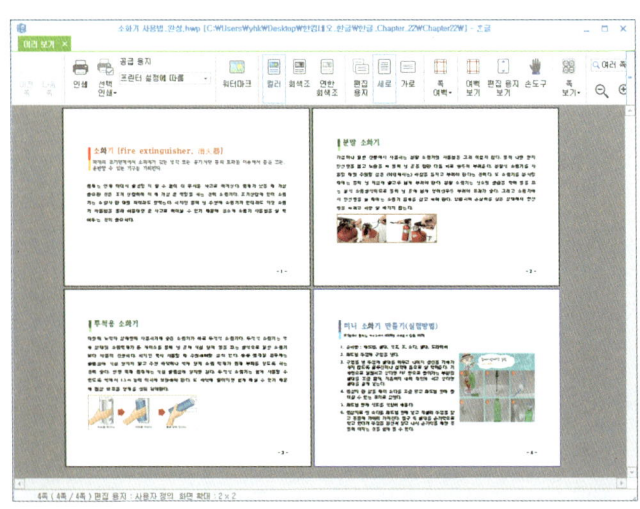

쪽 테두리 설정하기

1 [쪽] 탭–[쪽 테두리/배경](▣)을 클릭합니다.

2 [쪽 테두리/배경] 대화상자 [테두리] 탭에서 다음과 같이 설정한 후 [모두](▣)를 선택하고 [설정]을 클릭합니다.

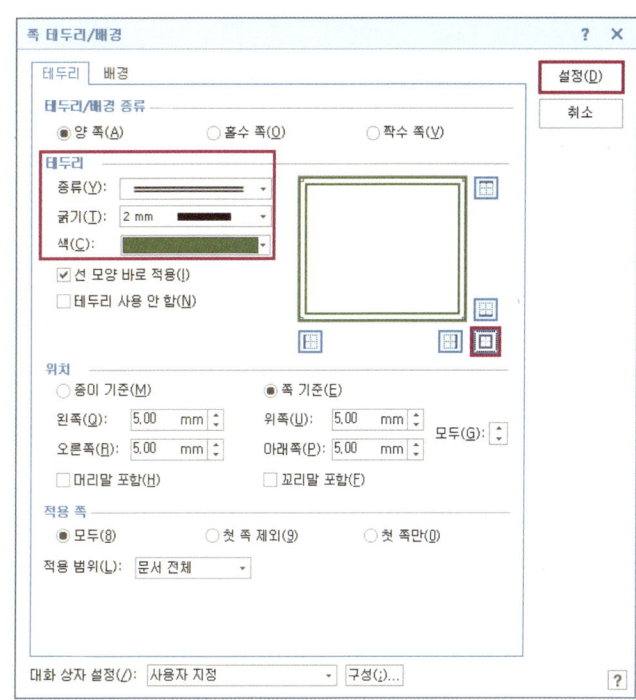

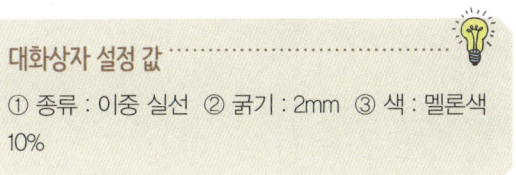

대화상자 설정 값

① 종류 : 이중 실선 ② 굵기 : 2mm ③ 색 : 멜론색 10%

3 미리보기 화면에서 작성한 문서 테두리가 삽입된 것을 확인할 수 있습니다.

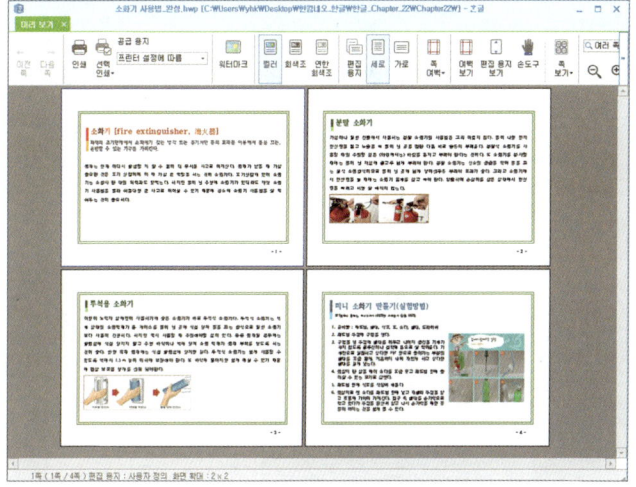

연습문제 풀어보기!

1 2페이지로 작성된 문서에 '- I -' 모양으로 쪽 번호 매기기를 설정해 봅니다.

예제파일 Chapter22₩연습문제1_시작.hwp

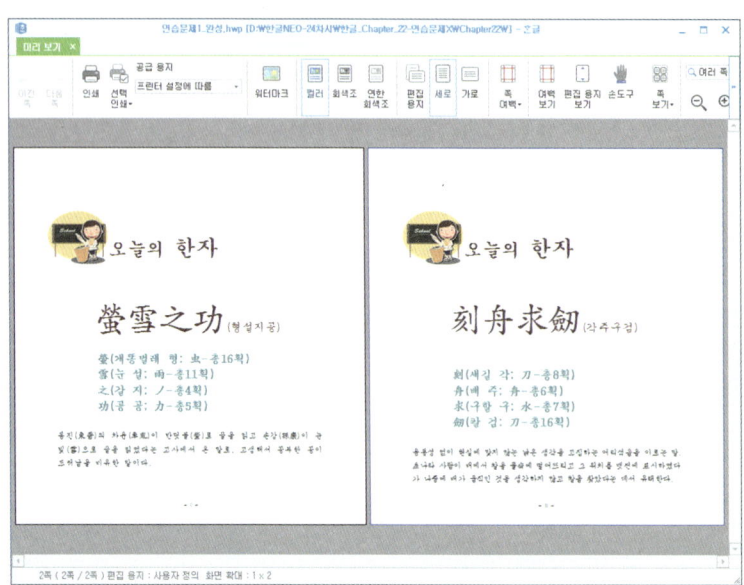

2 배경이 삽입된 문서를 열어 쪽 테두리를 설정해 봅니다.

예제파일 Chapter22₩연습문제2_시작.hwp

Chapter 23

스키장을 이용할 때의 안전 상식을 알아볼까?

생활 속 안전 상식을 알아두면 갑자기 생긴 위기 상황에서 벗어날 수 있어요. 이런 안전 상식을 알려주는 문서 각 쪽별 위·아래 부분에 머리말/꼬리말을 삽입하여 '안전 상식'이라는 문구를 고정적으로 넣을 수 있어요. 머리말/꼬리말 삽입 방법과 문서 내용 중 특정 부분을 보충 설명하는 각주/미주를 삽입해 봅니다.

무엇을 배우나요?

★ 특정 부분을 보충 설명하는 각주/미주 삽입 방법을 학습합니다.

★ 쪽별 위·아래에 고정 문구를 삽입하는 머리말/꼬리말 삽입 방법을 학습합니다.

완성화면 미리보기

수업 길잡이

난이도 ★★★☆☆

예제파일 Chapter23₩생활속 안전상식_시작.hwp

학습기능 각주/미주 삽입, 머리말/꼬리말 삽입

🔍 **이 학습과 예제를 통해** 문서 작업 시 필요한 인용 자료의 출처를 밝히거나 보충 자료를 구체적으로 제시하는 각주/미주를 넣는 방법을 배울 수 있어요. 또한 각 쪽별 반복되는 제목이나 쪽 번호를 머리말/꼬리말 기능을 이용해 지정할 수 있어 문서를 편리하게 꾸밀 수 있어요.

각주/미주 삽입하기

1 예제파일을 열고 각주를 달고자 하는 단어인 '패트롤' 뒤에 커서를 위치시키고 [입력] 탭– [각주](📄)를 클릭합니다.

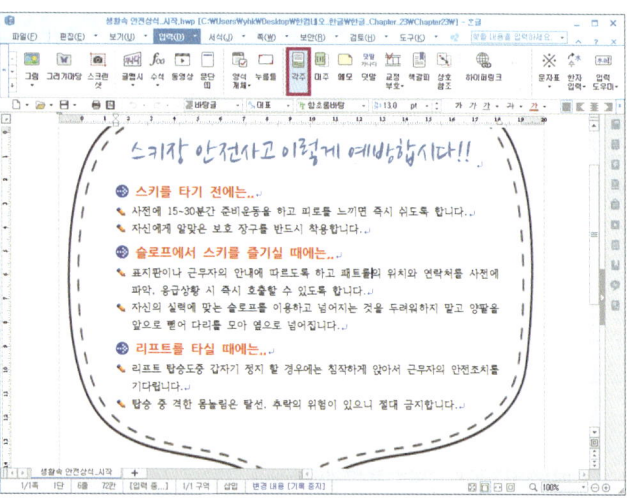

> **TiP**
>
> **각주와 미주의 차이**
> ① 각주 : 번호가 있는 페이지의 아래쪽에 주석 내용이 삽입됩니다.
> ② 미주 : 번호가 있는 문서의 맨 마지막 페이지에 주석 내용이 삽입됩니다.

2 각주에 '스키 연습장이 있는 곳에서 활동하는 스키 전문가 그룹. 스키를 타는 사람들에게 기술적 도움을 주며, 위급 상황 발생 시 구조 및 스키장의 안전 상태를 확인해준다.'를 입력합니다. [주석] 탭–[닫기](🚪)를 클릭하여 본문으로 돌아옵니다.

3 아래쪽에 각주가 삽입된 것을 확인할 수 있습니다.

머리글/바닥글 삽입하기

1 [쪽] 탭-[머리말](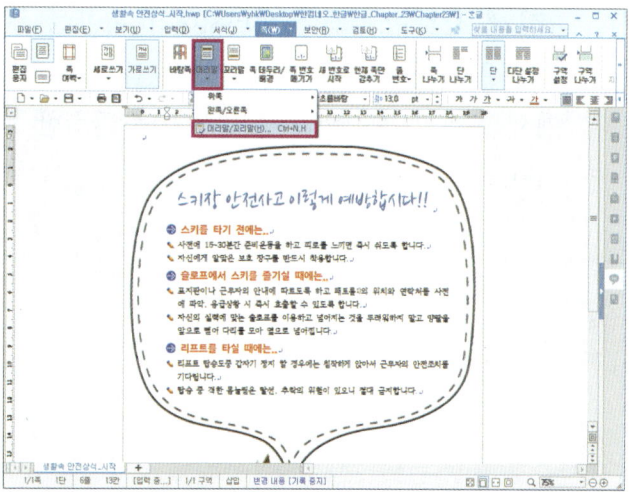)을 클릭하여 [머리말/꼬리말]을 선택합니다.

2 [머리말/꼬리말] 대화상자에서 [머리말]을 선택한 후 [만들기]를 클릭합니다.

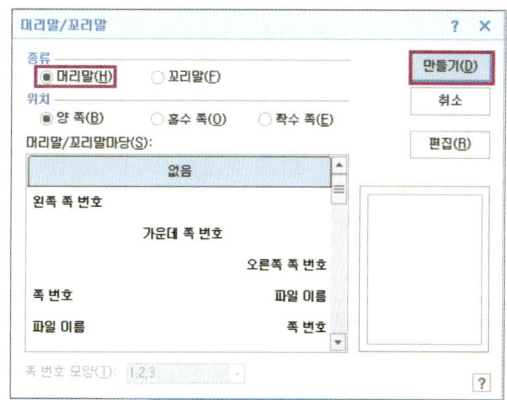

3 머리말 영역에 커서를 두고 '생활 속 안전상식'을 입력한 후 다음과 같이 설정한 후 다음과 같이 설정하고 [머리말/꼬리말] 탭-[머리말/꼬리말 닫기](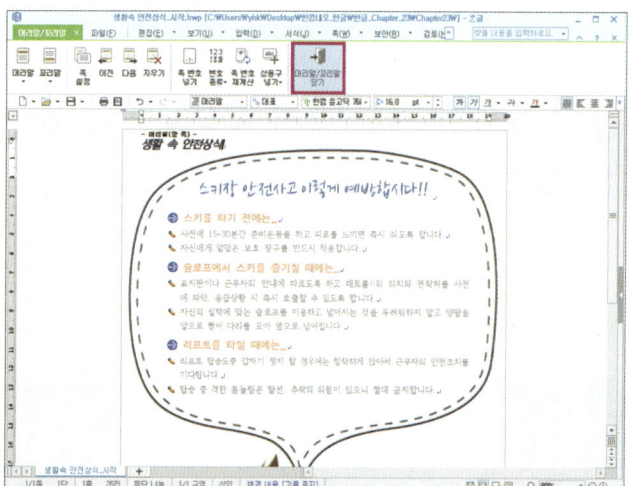)를 클릭하여 본문으로 돌아옵니다.

머리말 설정 값 ··················
① 글꼴 : 한컴 윤고딕 760　② 글자 크기 : 16pt
③ 진하게　④ 기울임　⑤ 글자색 : 검은 바다색 10%
어둡게

4 [쪽] 탭-[꼬리말](아이콘)을 클릭하여 [머리말/꼬리말]을 선택한 후 [머리말/꼬리말] 대화상자에서 [꼬리말]을 선택한 후 [만들기]를 클릭합니다.

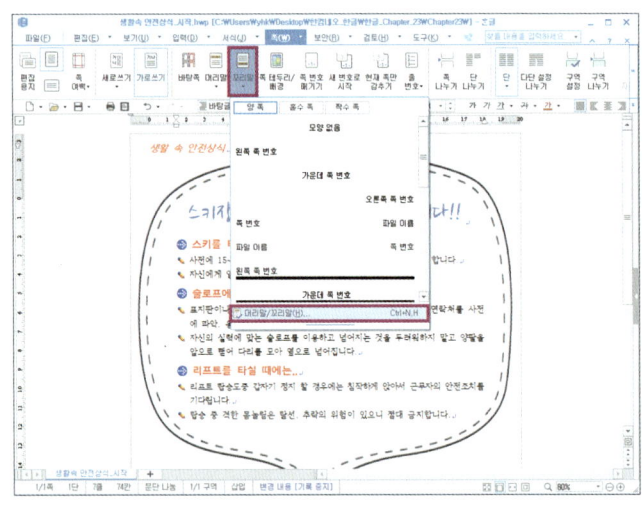

5 꼬리말 영역에 커서를 두고 '스키장 안전사고 예방'을 입력한 후 다음과 같이 설정한 후 [머리말/꼬리말] 탭-[머리말/꼬리말 닫기](아이콘)를 클릭하여 본문으로 돌아옵니다.

꼬리말 설정 값

① 글꼴 : 한컴 윤고딕 760 ② 글자 크기 : 16pt
③ 진하게 ④ 기울임 ⑤ 글자색 : 검은 바다색 10% 어둡게

6 문서 위쪽과 아래쪽에 머리말/꼬리말이 삽입된 것을 확인할 수 있습니다.

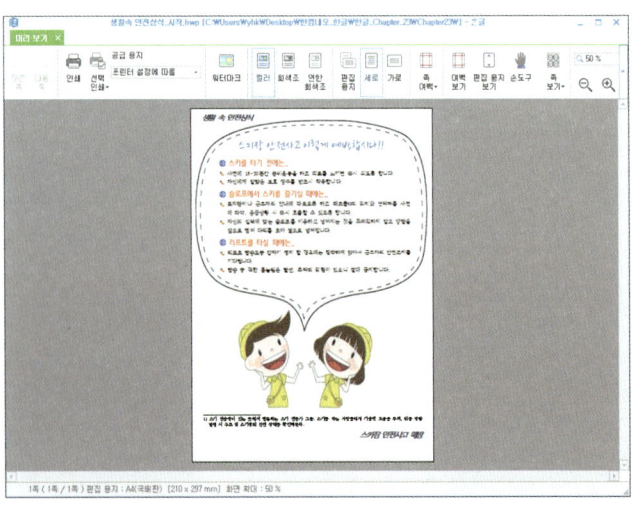

연습문제 풀어보기!

1 문서에 '토네이도_적란운.txt' 파일을 참고하여 각주를 설정해 봅니다.

예제파일 Chapter23₩연습문제1_시작.hwp, 토네이도_적란운.txt

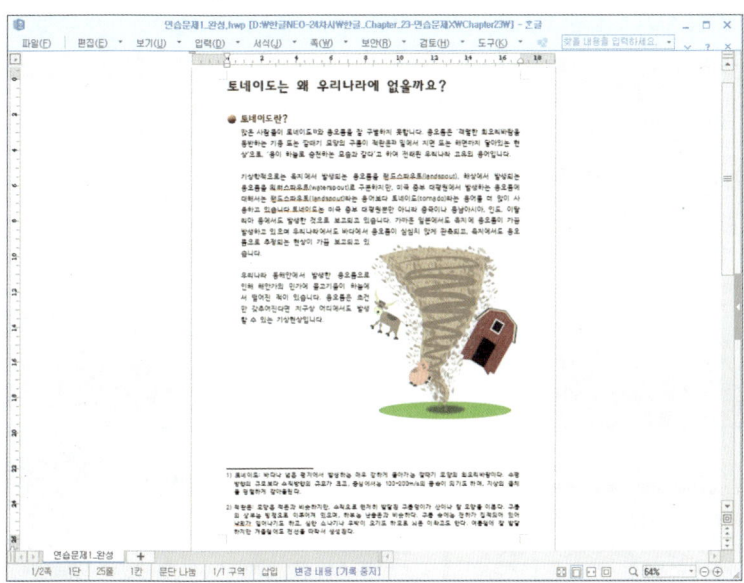

2 문서에 머리말/꼬리말을 다음과 같이 설정해 봅니다.

예제파일 Chapter23₩연습문제2_시작.hwp

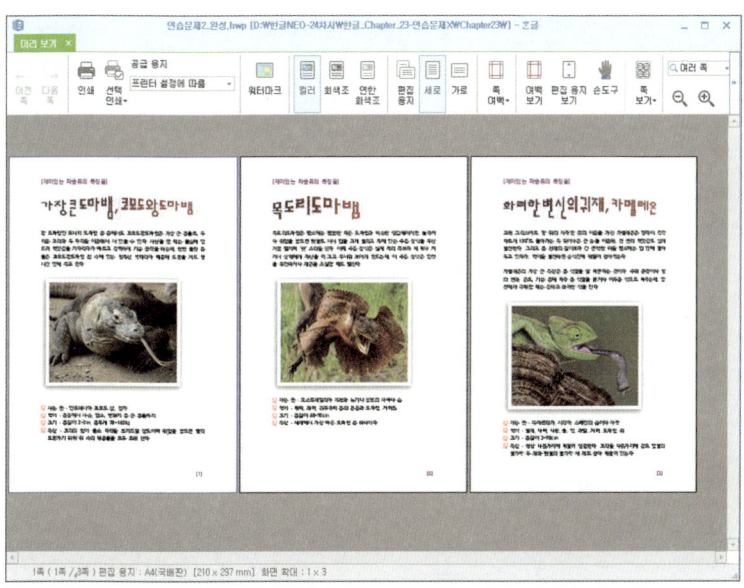

인터넷에서
필요한 네티켓이란 무엇일까?

인터넷 모범 시민이 되기 위해선 네티켓이라는 것을 잘 지켜야 해요. 네티켓이란 무엇인지 알아보는 문서를 직접 인쇄하여 숙지하도록 해요. 인쇄 기능을 활용하여 작성한 문서를 인쇄해 보세요.

무엇을
배우나요?

★ 작성한 문서를 인쇄하는 방법을 학습합니다.

★ 문서 인쇄 전 워터마크를 설정하여 인쇄하는 방법을 학습합니다.

완성화면

미리보기

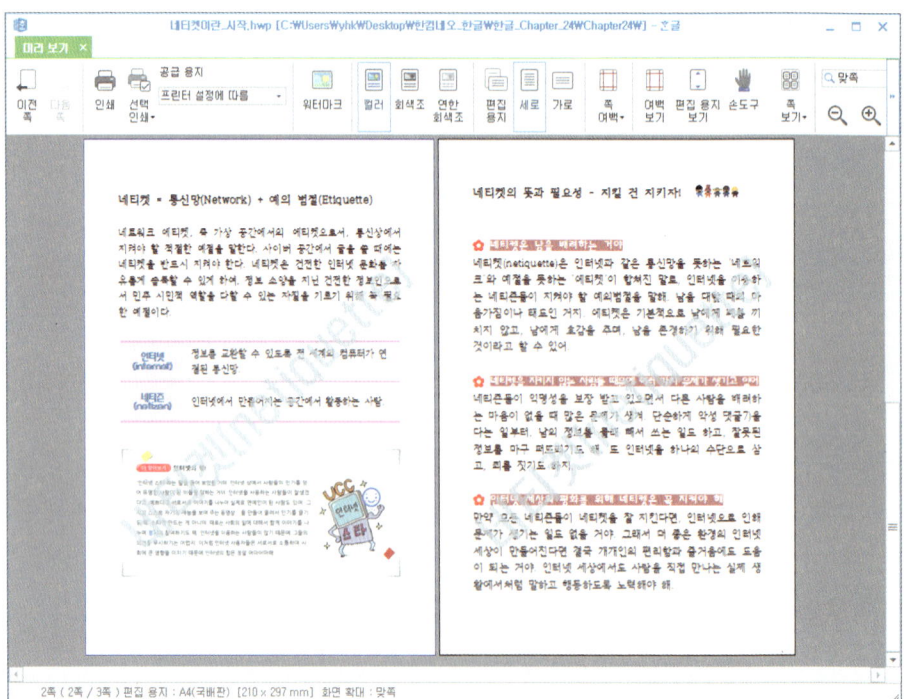

수업 길잡이

난이도 ★★★☆☆

예제파일 Chapter24₩네티켓이란_시작.hwp

학습기능 인쇄 방법, 워터마크 삽입

🔍 이 학습과 예제를 통해 작성한 문서를 프린터로 인쇄할 수 있는 인쇄 기능을 학습할 수 있어요. 인쇄 기능을 습득하면 인쇄 범위, 인쇄 매수를 비롯하여 각종 선택 사항을 설정할 수 있지요. 원하는 대로 인쇄할 수 있어 아주 활용도가 높아요. 인쇄 전 문서에 워터마크를 삽입하여 출처를 남길 수도 있어요.

1 예제파일을 열고 [파일] 탭-[인쇄]를 클릭하 거나 [서식 도구 모음]에서 [인쇄](🖨)를 클릭 합니다.

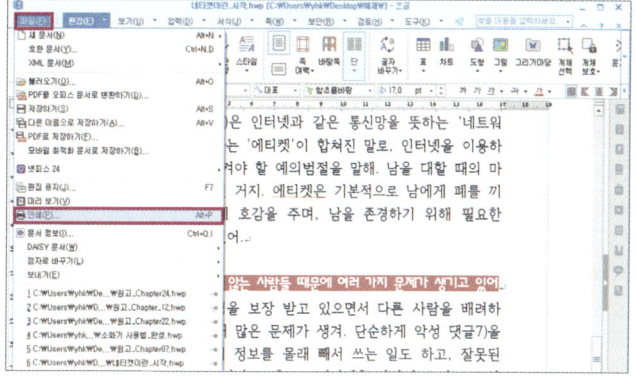

2 [인쇄] 대화상자 [기본] 탭에서 인쇄하고자 하 는 프린터를 선택한 후 다음과 같이 설정한 후 [인쇄]를 클릭하면 문서가 프린터로 출력 됩니다.

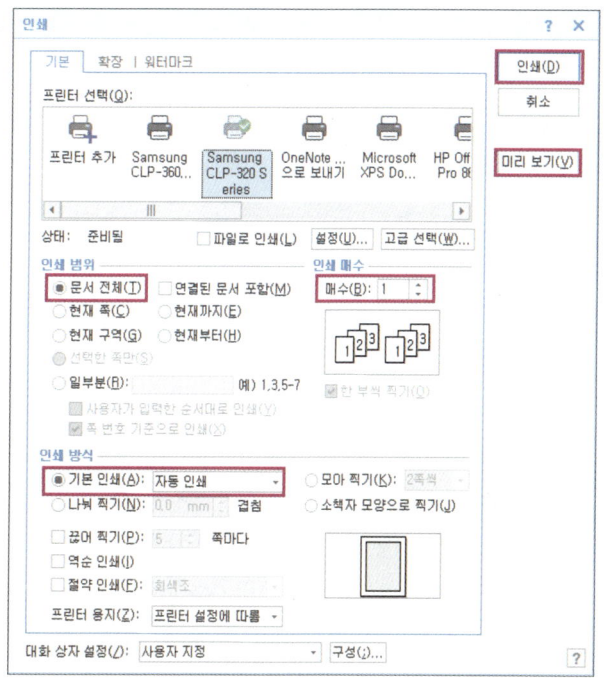

> **인쇄 설정 값**
>
> ① 인쇄 범위 : 문서 전체 ② 인쇄 매수 : 1 ③ 인쇄
> 방식 : 기본 인쇄

3 [인쇄] 대화상자 [기본] 탭에서 인쇄 전 [미리 보기]를 클릭하여 실제 인쇄될 문서의 모습을 확인할 수 있습니다.

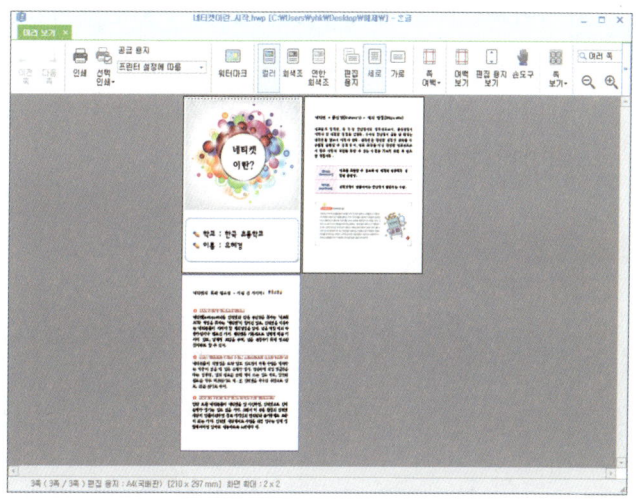

1 [파일] 탭-[인쇄]를 클릭하거나 [서식 도구 모음]에서 [인쇄](🖨)를 클릭한 후 [인쇄] 대화 상자 [워터마크] 탭을 클릭합니다.

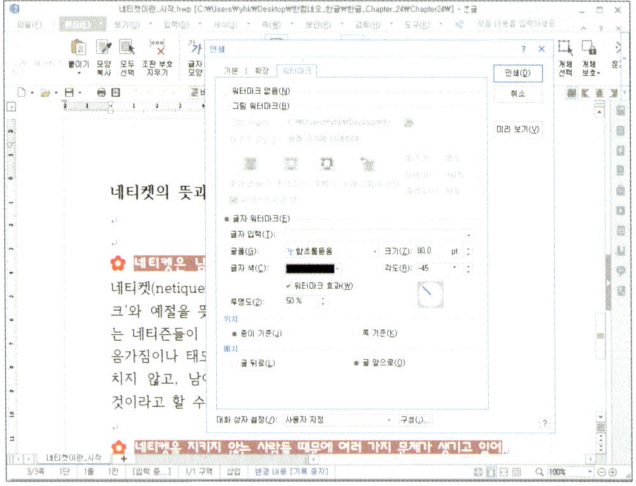

2 [글자 워터마크]를 선택한 후 다음과 같이 설정합니다.

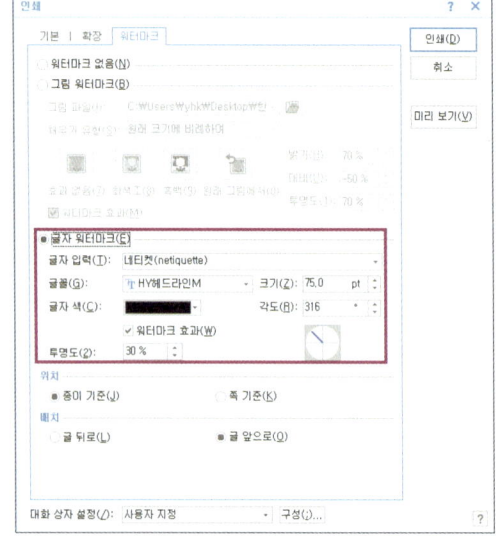

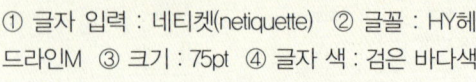

글자 워터마크 설정 값

① 글자 입력 : 네티켓(netiquette) ② 글꼴 : HY헤드라인M ③ 크기 : 75pt ④ 글자 색 : 검은 바다색 70% 어둡게 ⑤ 각도 : 316° ⑥ 투명도 : 30%

3 [미리 보기]를 클릭하면 미리 보기 화면에서 작성한 워터마크가 삽입된 것을 확인할 수 있습니다. 인쇄하고자 한다면 [인쇄](🖨)를 클릭합니다.

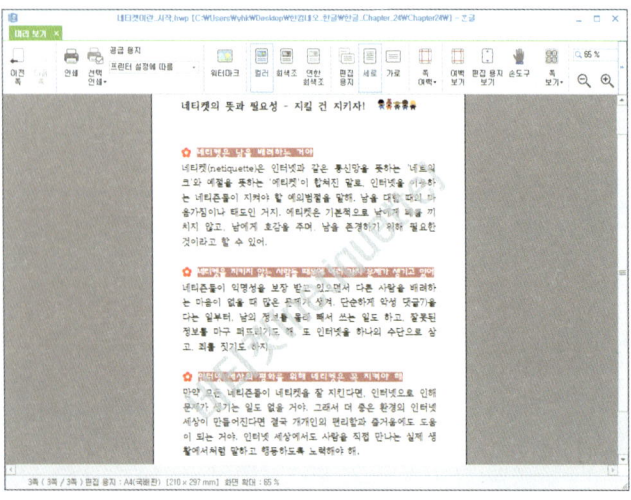

연습문제 풀어보기!

1 문서에서 인쇄되는 모양을 화면으로 미리 확인한 후 바인더 3공 구멍을 인쇄할 수 있도록 설정해 봅니다.

> **예제파일** Chapter24₩연습문제1_시작.hwp

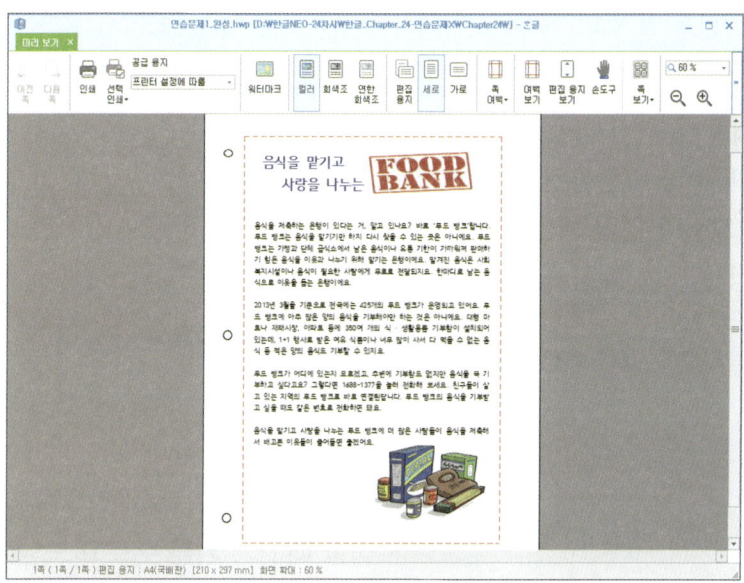

2 '물절약.png'를 이용해 워터마크 효과를 다음과 같이 설정해 봅니다.

> **예제파일** Chapter24₩연습문제2_시작.hwp, 물절약.png

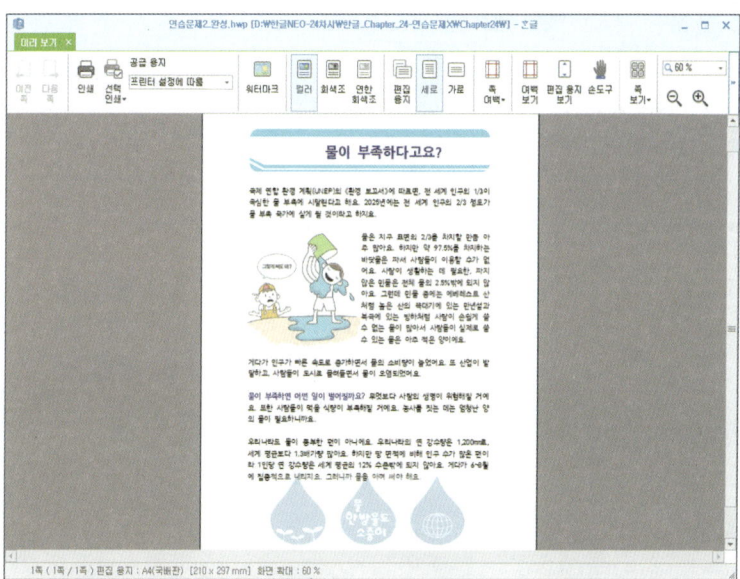

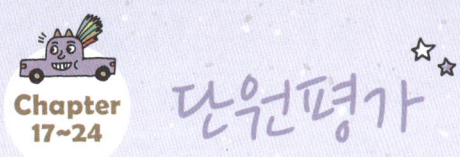

1 한글에서 제공되는 그림 파일을 편집할 수 있는 한글의 기능은?

① 그리기마당　　② 도형
③ 한포토　　　　④ 3D 글자 인쇄

2 문서의 레이아웃은 그대로 유지되지만, 차트, 글맵시, OLE, 양식 개체 및 그룹화된 개체를 그림으로 저장하고 그림 파일의 해상도를 낮추어 저장하는 용량 줄이기 저장 방법은?

① 웹 브라우저로 보내기
② 점자로 내보내기
③ XML 문서 저장
④ 모바일 최적화 문서로 저장하기

3 다음 그림과 같이 왼쪽 오른쪽에 나누어서 입력할 수 있는 기능은?

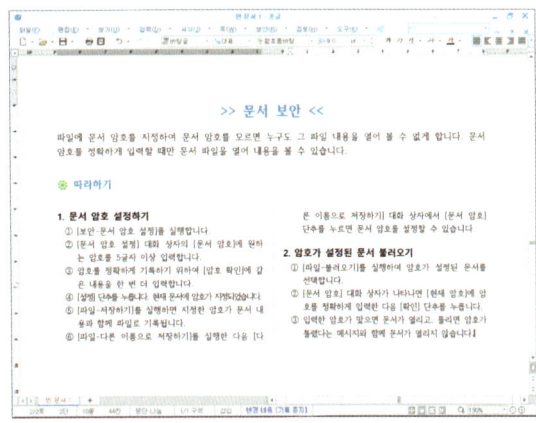

① 구역　　　　② 원고지
③ 상호참조　　④ 다단

4 그림이나 도형 개체가 글자와 같이 있을 때 다음 그림과 같은 결과를 얻을 수 있는 위치 값은?

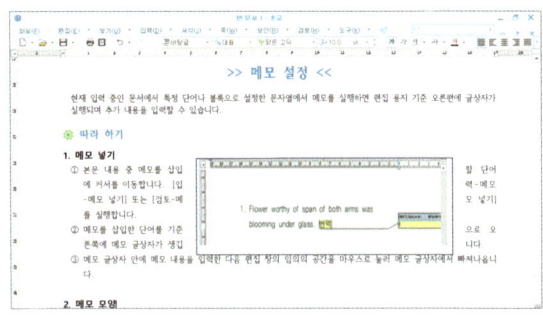

① 글자처럼 취급　　② 어울림
③ 자리차지　　　　④ 글 뒤로

5 도형 작성 시 가로 세로가 똑같은 도형을 작성할 때 (　) 키를 누르고 도형을 작성한다. (　) 안의 올바른 단축키는?

① Shift　　　　　② Ctrl
③ Alt　　　　　　④ Ctrl + Alt

6 도형 작성에 대한 설명 중 올바르지 않은 것은?

① 연속해서 두 번 그리고 싶을 때는 도형을 세 번 클릭한다.
② Ctrl + D 를 누르면 도형이 복사-붙여넣기된다.
③ 도형 선택 후 마우스를 클릭하면 기본 크기 도형이 작성된다.
④ 일직선상으로 나란히 복사할 때는 Ctrl + Shift 를 누르고 드래그한다.

정답　1③　2④　3④　4②　5②　6①

7 여러 사람의 이름, 주소 등이 들어 있는 '데이터 파일'과 '서식 파일'을 결합하여 많은 양의 자료를 손쉽게 작성할 수 있는 기능은?

① 색인

② 제목 차례

③ 메일 머지

④ 블로그

8 [쪽] 탭에서 제공하지 않는 기능은?

① 쪽 테두리　　② 쪽 번호 매기기

③ 줄번호　　　④ 화면 전환

9 본문 내용에 대한 보충 자료를 구체적으로 제시하거나, 인용한 자료의 출처 등을 밝히는 주석을 무엇이라 하는가?

① 메모　　　　② 하이퍼링크

③ 상용구　　　④ 각주

10 여러 쪽의 맨 위와 아래에 한두 줄의 내용이 쪽마다 고정적으로 반복되는 구역은?

① 머리말　　　② 라벨

③ 캡션　　　　④ 다단

11 [인쇄] 대화상자에서 설정할 수 없는 기능은?

① 인쇄 범위　　② 모아 찍기

③ 역순 인쇄　　④ 편집 용지

12 쪽 기능에 대한 설명 중 올바르지 않은 것은?

① 작성되어 있는 머리말/꼬리말은 더블클릭하여 편집한다.

② 첫 쪽만 쪽 테두리 배경을 그릴 수 있다.

③ 다단은 최대 20개까지 제공된다.

④ 쪽 나누기 단축키는 Ctrl + Enter 이다.

13 [쪽 번호 매기기] 대화상자에서 제공하지 않는 기능은?

① 새 번호로 시작

② 번호 위치

③ 번호 모양

④ 줄표 넣기

14 메일 머지 작성 시 연결할 수 없는 자료 종류는?

① PPT 자료

② 엑셀 파일

③ 한셀 파일

④ 한글 파일

정답　**7** ③　**8** ④　**9** ④　**10** ①　**11** ④　**12** ②　**13** ①　**14** ①